mubarak

なーんで今こんなコトしてんのかな…
何年か前は　あんなに自由だったのに

ふと空を見上げて思う
　　でもさ

今がいちばん活気があって頼りにされて
　どんな仕事よりもやりがいのある
　　誰もかわりになれないトコロにいるんだよ

　　　　一瞬の　あのオセンチなキモチは
　　　　ふきとんで　うちに帰るのです

ただいまーーー

あーあ もう
ママやめたくなったよー

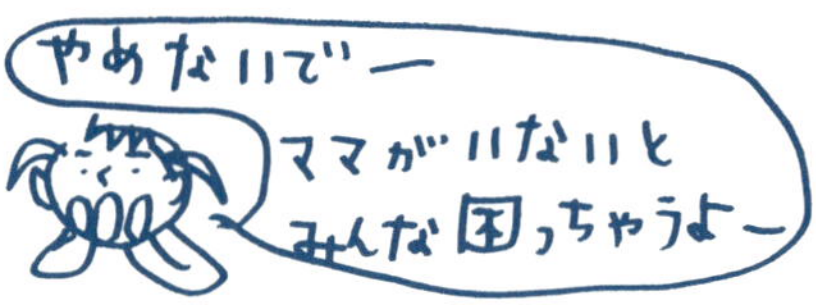
やめないでー
ママがいないと
みんな困っちゃうよー

お母さんっていうシゴト

床屋 かなぶん

はじめに

赤ちゃんが生まれて
2人だけになってみたら
私は正直たじろいでしまいました

どうしよう
この人を育てていかなくては…

それからの日々を
毎月描き続けてきました

ブックデザイン ● 鶴田めぐみ
〔(有)やなか事務所〕
撮　影 ● 大関清貴
校　正 ● 安久都淳子

夢中にやってきたコト
今振り返ってみると
私こそ大きく育ったのだと思います

あたりまえの毎日なのに
生きていくコト
その楽しさとすごさを知りました

もう子供たちも小学生になって
肉体労働からは離れてきたけど
精神的なものに変わってきたのかも
まだまだ私もやってみているトコロです

みんなそれぞれの場所で
こうしているんだね
うん
一緒にやっていこうよ
きっといつかが今になっているよ

床屋かなぶん

もくじ

PART 3
へこたれてはいられない！

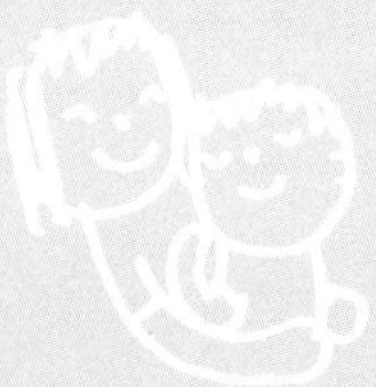

PART 4
クラブ活動はじめよう

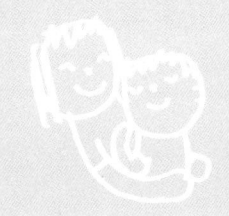

つくみが みんなを
かいたよ
ハートもね
楽しいね

PART 1

底ぬけ脱線ゲームな日々

いちばんたいへんだったころ

おねえちゃん
おにいちゃん
おとうとの
3人きょうだいになった

5 人 家 族 に な り ま し た

そして8月15日に、エイトくんはやってきたのです。
私たちは5人家族になりました。

命名
英人

生まれるトキはこんなだった

アッ
パンッと音がした
アーッ
ママー
フロあがりつくみ

突然、大出血した
とんねるずの「食わず嫌い王
決定戦」を見ていたトキだった

ママは
大丈夫
みんなを
呼んで

パパー
ジジー
ババー
気丈に働くつくみ
zzz
寝ている
ナナト

三人三様のドラマが
あるのです

そしてパパ（みわくん）と病院へ　病院に着くと

へえー
さっきの
とんねるずさー

軽くフツーの話をして
冷静にしている

カモノハシみたい
今から思うと
へんなカッコウ

バスタオルを足に
はさんでいた

どこの出血か
わからんので
心配だなー
ええー
お盆休みで
いつもの先生
じゃない
ヨロヨロ

先生におどされてしまった

やがてジェットコースターのような陣痛

こうですかー
ヒー
フー
もっと
うえー
背中をさするみわくん
3回とも立ち会うクマとみわくん

みわくん
さすり屋やったら
いいよ

陣痛が来ないトキは
笑っていられる

これをくり返しいよいよ出産

ウギャー
アー男の子だ

あっという間に無事に　またしても
男の子が生まれたのでした

赤ちゃんは、8月生まれなので、エイトくんという名前になりました。

つくみはとても感受性が強いので　いろんなキモチの毎日です

たこちゃーん

ザリガニ子ちゃんに
エサをあげたり

山田さんにお花を
もらったり

みわつくみわ
さみしいです
もうー
怒ったー
ねーね

おセンチになったり怒ったり

ナナトは１歳でお兄ちゃんになっちゃったけど　ちゃんとわかっているみたい

バー

エイトくんを
あやしたり

寂しそうにしたり

私の手をとって赤ちゃん
の頭をなでてってしたり

スリスリ

そっとほおよせたり
しています

生まれたてエイトくんは　さすがに末っ子で次男坊で、デンとしています

この間
まで
おなかにいたのに

ミルクをいっぱい
飲んで眠っちゃう

パパ（みわくん）
ママ（私）
これで
みわファミリー
は
完成だ
とにかくがんばります
B型
AB型
AB型
A型
A型
つくみ　4歳
ナナト　1歳
エイト　0歳

母は強し恐るべし

たいへんなコトは百も承知さ——と言いながら、
本当に忙しく追われる毎日になってしまいました。
とにかく今は、この現実に身を投じて、
せっせとやっているのです。

あー
スッテーン

ころぶとわかっていても
助けられないの

ココかいてよ

こんなトキに限って
とびひになったつくみ

とびひ顔で
エイトに
ほおずり
ナナトは
顔に
とびひ

キャップが
ピンク
キャップが
きいろ

ミルクもおむつも
2人分なのです

?
おかしいな
ぜんぜん
気づかない私
ブカブカ

夜中にエイト（新生児サイズ）に
ナナト（ＬＬサイズ）のおむつを
させてた

「母は強し恐るべし」
byインディアン・ケンゴ (私の弟のケンのことば)
私もどんどんたくましいママになってゆくのでしょう。
3人いると1人のコトばかりかまっていられないので、
いろんなコトが分散されて、
小さいものごとにはこだわっていられないのです。

しかし　何がたいへんって
ナナトが歩きだし　次々
やらかしてくれるからなのです
あののんびり屋のナナトは
進化したのです

ズンズン
ヨロヨロ

どんどんイスを運び　乗って立って　金魚を見てたり

おフロ場にいたり　ちらかしたり

グラグラ
ギィーッ

ドアにイスごと
たてかかってたり

ウゲーッ

Tシャツ１枚で
ぶらさがってたり

ハテナ
?

エイトの頭をなでようとして
自分をなでちゃったり

まんま
食パン
まんま
玉ねぎ

次々食べ物
見つけたり…

一方　つくみは　とってもお姉さんになった…
けれど　自分のキモチをいろんなふうに伝えてくるので
それにこたえるのも　またひと苦労です

ママよんで
ママへ
つくみより
ハートに
なみせん
とか
ハートに
バツ
ママへ
つくみより

ゴメンよ
つくみ
いろんなことして
いっしょに
あそぼ　ママ

そして私も返事を書く

ママへ
つくみは
かんどう
しました

すると　つくみから返事

トモダチです
テッちゃんと
タッちゃん

あるトキはひざに顔をかいてた

おなかにも

底ぬけ脱線ゲームな日々

なーんで私、こんなコトしているのかなー、不思議。
自分のコトだけで生きていたのに、
いつのまにかお母さんのコトをしているのです。
子供たち3人は、それぞれママにやってもらうコトを、
いっぱいつくってくれるのです。
こんなに必要とされてるコトもなかったな。
それにまさにこれこそが、私にしかできないコトなのです。

底ぬけ脱線ゲームな私たち…
それはもう
朝からはじまっている

ナナトのおむつ
エイトにミルク

z z z
2人が
眠ってから
z z z
そーっと
買い物

つくみ
はやく制服に
着がえてよー
ニャッキ
ハハハ
TV見てる

いろんなものがおっこってるうち
どんぐり
哺乳ビン
くつ下
電池
歯ブラシ
子供でんわ
ピッ
オモチャのヘビ
なべのフタ
おむつ
Sサイズ
LLサイズ
ママ
ここんトコ
ぶつけたよう
ママ
ママ

そして何より大仕事は3人のおフロ

まずナナトを入れて　次につくみ　それからエイト　あがったばかりのナナトが入ってきちゃうコトも

1日に何度かやってくるパニック状態

つくみが泣くと

ナナトも泣く
ナナトが泣くと

エイトも泣く

だからこんなコトに

でもエイトが泣くと
ナナトがとんでいって
なでてる

エイトもすぐ泣きやむよ

つくみはナナトとエイトのめんどうをみてくれます

家族それぞれの役割

**みんながなんとなく、こんな毎日に慣れてきたみたい。
それぞれが役割を持っていて、「きょうだい」ができてきて、
家族が成り立っているのですね。**

つくみとエイト

かわいいエイト
アー アー
仲よし

ナナトは単独行動が多い

つくみとナナト

ねーねが遊んでたんだよ
どいて どいて
もう しょうがない ナナトだ

パパとつくみ

パパのコーディネイト

2人でデート
そして秘密のおやつ
いろんなトコロへ行く2人

ナナトとエイト

エイト エイト
よしよし

パパとエイト

よし よし
うちのラスト赤ちゃん

夜遅く帰ると
エイトだけ起きている

パパとナナト

あけて
やってやってー
ポーン

パパになんでも頼む
遊びに誘ったりしてる

私は　この4人（パパも入れて）のめんどうをみて
よしよしってしたり（されたり）叱ったり
肉体的にも精神的にも　お母さんをしているのです

ナナトー
ママ
コラーッ
あ！今の お母さんっぽい 怒り方だよ ママお母さんみたい

つくみはトキドキ　私の
コト「かなえちゃん」と
呼びます
私をなんだと思っている
のかな…

こんなコトがあった
「のどかなひととき」が突然！

グラグラ
あ
キャーッ
ポイッ
ナナト
あぶなーい
ママったら
ウェーン
ウェーン
ウェーン

思わずエイトを投げてしまったの　そして持ち直したナナト　私は泣き続けた

どんなコトにも動じないお母さんになれるのかなー。
今は子供と一緒にいるコトを楽しんでいます。
いろんなキモチになりながらやってみているトコロなのです。

つくみワールド
つくみ
ゼロばん
好き♡
1番より前ってこと
ナナトワールド
しゃべりつづけるエイト
オー
ヒャーッ
エイトワールド
踊るナナト

グングンめきめき育っています

つくみ
エイト

毎日があ――っという間に
過ぎてゆきます。
そして私たちはグングン
めきめき育っているのでした。

ナナト
ママ

子供が いるって こんなコトなのね

おいしいね
うん
モグモグモグモグ

すぐなくなるおやつ

ナナトの服
ブラウス
パンツ
つくみの服

毎日の洗濯もの

エイトの服

ヨーグルト
牛乳
パン
ミミーママ

こぼしたり　ちらかしたり

つくみとナナトのオモチャ

毎日　買い物　お洗濯　洗い物　お掃除　おかたづけetc.etc.
けれど　こんなコトも　今の私にはおフロに入ったり
ＴＶを見たり眠ったりするようなものです

つくみは役に立つし　私よりもトキにはしっかりしていて助けられます

ねー
ママ おしりふき

ママをマママって呼んでよ
ミミとか ムムとか
イヤッ
ママ

ますます母ちゃんらしく

とにかく
あわてないコトなんだ

3人はだんだん
きょうだいらしくなってきて
私はますます
母ちゃんらしく
なってきたよ。

オモチャだらけ
の部屋

あーこぼすー
たおれるー
つくみー
大丈夫だってば
バタバタ
グラグラ
りんごのおうち
きのこのおうち

ガンバレニッポン
ポン

ワーイ

天井に映るミッキーを
見てる子供たち

母ちゃんは毎日　2人の子供を
ベビーカーに乗せて公園に行きます

でんしゃー

ぞうさんのおすべりをして
葉っぱを拾い　ハトを
追っかけるナナト

パオーン
はっぱ
ぽっぽー
お人形さんのベビーカー

ビューン

自転車で３人乗り
するコトもある

♪おてらのおしょーさんが
♪カボチャのタネを
まきました

子供の病気は突然に

その日は突然やってきた。
気づいたトキにはもうナナトは、
いつものナナトじゃなくて
フラフラヘロヘロの脱水症になっていたの。

ナナト

ガタガタふるえて
体がつめたくなった

アー
アー
エイト
つくみ

病院に電話する私もふるえた

もしもし
ガクガク

呑気なタクシーの運転手さん
うちの子は家で生まれちゃったんだな

ブー
大丈夫だよ
ナナト
しっかり

しかし夜間救急も混んでいる

指切った人
頭をおさえてる人
怒りながら
待つ人

そして点滴

ギャーン
ギャーン

外で待つ母

暗いろうかで待つこと
１時間半　いろんな人が
待っていた

泣き叫ぶナナトと
腕を押さえる私

テープで
ぐるぐるまき
zzz

朝6時30分まで
4本の点滴をした

よかった

少し元気になってきた

何日かしたら
ナナトは
もとどおりに
なっていたよ

まんま

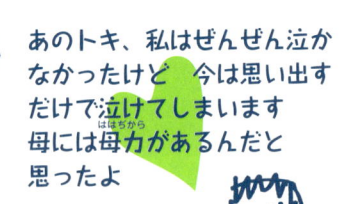

あのトキ、私はぜんぜん泣か
なかったけど　今は思い出す
だけで泣けてしまいます
母には母力《ははぢから》があるんだと
思ったよ

3人いると3人分たいへんなコトもあるけど、
3人分楽しかったりうれしかったりします。
いろんなコトを、みんなで一緒にできるといいな。
そしたら、いっぱい出かけよう。
そして、いっぱい楽しもう。

いいママじゃないよ

ドドーん

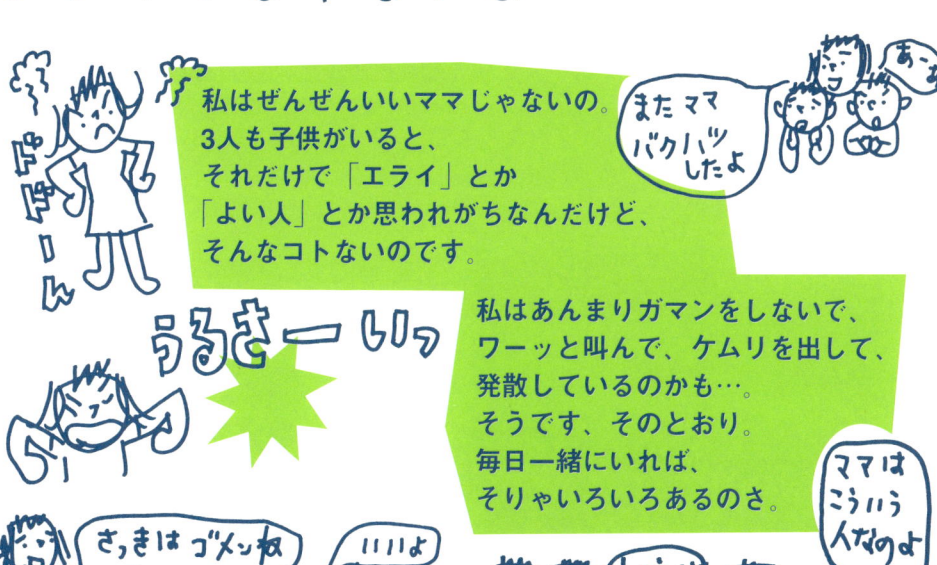

私はぜんぜんいいママじゃないの。
3人も子供がいると、
それだけで「エライ」とか
「よい人」とか思われがちなんだけど、
そんなコトないのです。

またママ バクハツしたよ
あーあ

うるさーいっ

私はあんまりガマンをしないで、
ワーッと叫んで、ケムリを出して、
発散しているのかも…。
そうです、そのとおり。
毎日一緒にいれば、
そりゃいろいろあるのさ。

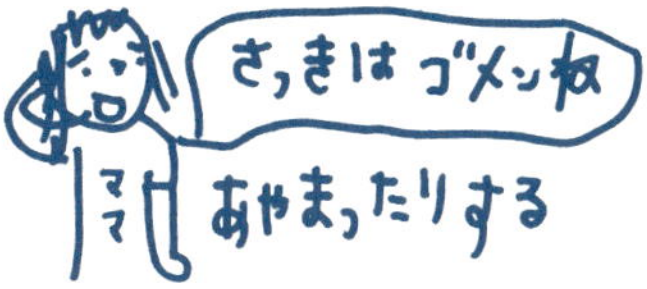

さっきはゴメンね
ママ
あやまったりする

いいよ
つくみ

しょうがないよ

ママは こういう人なのよ

まあ　何がたいへんって　やっぱり夜ご飯ドキかな

お盆につくみセットを載せる

ドッドーン
アーン
ほら食べて
ねーねのとうふ
ほしいなー
やだナナト
クルッ
クルッ
私とナナトセット
ごはん
おみそ汁
カボチャの煮物
おサカナのソテーetc

催促するエイト　つくみのものまで食べたいナナト

しばらくすると
ナナトはフラフラ

トォー
ウーマンマン

あ こぼれた

エイトは長方形のお膳の下に入り込み　グラグラ揺らす

ひょい
逃げるつくみ

これが毎日のコトだよ　ゆっくり夕飯食べたいなー…

毎日があっという間

私たちの朝は　こんなです

ナナト&エイトは
朝からニコニコ
モーレツに元気
つくみはぜんぜん
起きない

6:45
アザラシ エイト
ウキャー
ママー
ウルトラマン ダイナの ガッツ隊員の
服を着るつくみ

みんな眠っている間
に大移動している

ポンキッキーズを見ながら　朝ご飯

おべんとうのおにぎり握りながら
うるさく言う私

パパはこんな中
ササッと出かけていくよ

つくみ はやく食べな
エイト コップ だめよ
ナナト こぼしてる
ウキャー キャー
ギュッ
ナナト
8:08

ベビーカー3人乗せで幼稚園へ

8:57
肉体労働だよ

雨の日はビデオをつけておいて

つくみ いそいで

そしてお洗濯や掃除

できないトキはあとまわし

くつ下だけで
10コもあるよ
9:30
エイト
ナナト

それから公園へ

ハヨー
ヨー
10:30

おうちでお昼を食べ
うまくいけば2人一緒にお昼寝

12:00

3時間寝るナナト　30分で起きるエイト

いざ買い物へ

つくみのお迎え

ナナトが寝ているとB型のベビーカー

2:00

おやつを食べる

3:00

クリームパン１個ずつとか

パパッと夜ご飯をつくる

4:00
マンマン

まだ明るいけどおフロ

5:00

夜ご飯

6:00

バタバタあわただしい

TVを見たり遊んだりと
また、ひと騒ぎ

7:00
ウヒャー
ウキャー
293
18

9:30

毎日があっという間だね。

ほーっ

走りすぎていない？

ある朝、私はめまいがして起きれなくなってしまったの。
子供のコトもやり、せっせと自分のコトもやり、
全力投球でやってきた私だけど、トキには休むコトも、
自分の体力の限界を知るコトも必要でした。

とはいえ、またすぐ復帰して、いつもの毎日になっているけど、
食生活に気をつけたり、立ち止まって
「走りすぎていないかな」と少し思いやったりしています。
子供たちにとって、宇宙でひとりの母なんだもん。
元気でニコニコしていなくっちゃね。

日曜日はこうして行列しながら買い物へ

ナナトは2歳になった。
「2歳児は雑草も嫌う」(ことわざ)。
すねる　ごねる　あばれる　泣く
もう手がつけられない困りもんです。

地団駄　　自虐的

ポカポカ

押さえ込み　　おしおき　　ポイッ　ほーっておく

ギュー
ペンペン
バタ
バタ
プイッ
いろいろやったけど
こりゃダメだ
成長してゆくのを待つのみ

ナナトはつくみに、いつも助けられているのです
幼稚園のお泊まり保育でつくみがいないトキは、ナナトも寂しそう

しょんぼり
ねね えん バイバイ (ようちえん)
寝るトキも
オーイ ねーね
よんでる

つくみとナナトの石遊び

ナナトは公園で
大きな石を拾って遊んでいたよ

しまったり　ベビーカーに
乗せたりして
楽しそう

そしたら　つくみがやってきて

カワイイ赤ちゃんだね

と言ってブランコに
乗せたよ

石もゆらしてあげた

そして
うちに連れて帰り

カワイイ顔を描いて
いしこ

っていう
名前になったよ

ナナトは新しい石
また見つけた

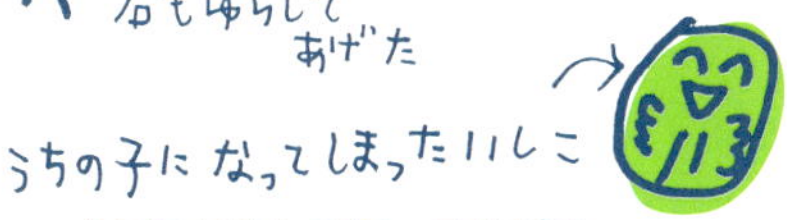
うちの子になってしまったいしこ

公園には連れて行ってあげて
また持って帰るよ

3人いるとタイヘン!?

「3人いるとタイヘンねー」
「しかも年子の男の子、すごいねー」とよく言われます。
できればサラリと涼しい顔して、なんでもこなしたいと
思っていたんだけど、やっぱりそうもいかない。

つくみが友達と出かけて、
お迎えに行くトキになって雨、
なんていうコトもあって、
こんなカッコウで出かけます

こんなコトもよくある
（ベビーカーを押してくれ
たりする人もいます）

これが今の私たちなので、とにかくやってみて、
乗り切って、過ごしているのです。
いつかこんな日々をなつかしく思い出すんだろうなー。

エイトも１歳になったぞー
けれど歩かなかったよ
つくみもナナトも１歳１ヵ月で歩くようになったから
そのころかな…

どー？
ウー
イヤー

自己主張は強いよ

モグモグ
んー

そして　よく食べる
いんげんを食べている

おへそを見て　こわがって
かきむしって泣く
こわいけど　つい見ちゃう

ガブリ
ママ
キャーッ

すぐかみつく

ブー
ブー

くるまで遊ぶ

ナナトとエイト

オーイエイトー

ガバッー
ズルズル
キャーッ
ママー
ギューッ
たのしー
エイト
ナナト

ナナトとつくみ

オーイナナトー
イエーイ
モーン
ポケモン
だよー

ねーねの影響力は大きいよ

子供の気持ちのスイッチ

子供の気持ちのスイッチは、どんどん切り替わっていくのです。
なんにでもすぐ夢中になれて、でもすぐ違うコトに移っていくけど、
体裁も気にしないので平気でズンズン行ってしまい、
こちらはいつも振り回されているのでした。

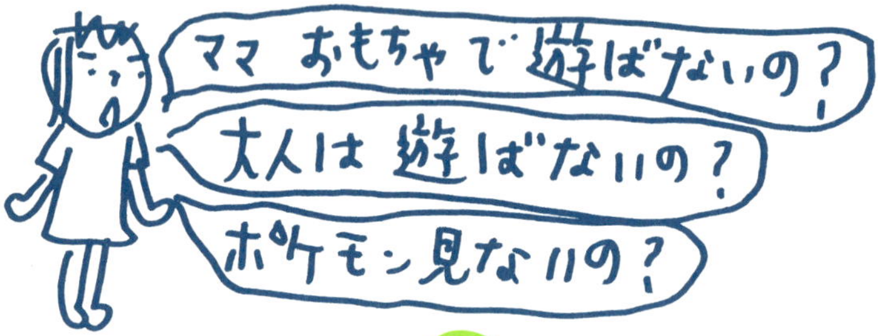

ママ おもちゃで遊ばないの？
大人は 遊ばないの？
ポケモン見ないの？

そういえば…私も小さいトキ

お母さん なんで遊ばないの〜

って思っていたっけ

うちの大きなちゃぶ台のまわりは
あきっぽい子供たちのおもちゃで足の踏み場がないの

いつもビデオがついてる
プレミアブースカ
つくみのトモダチ ポンゴ
エイリアン
サザエさん ちょきんばこ
ナナト
エイト
座イスにすわり 図鑑を見てる つくみ
Mr.バブルブルー
ペン
紙
コップ
ピストル
ウルトラマン
ハム
コーンフレーク
くるま
サカナ
ゴジラ
トーマス
いもムシくん
アンパンマンカー
ポケモンバケツ
小学一年生のふろく
ポケモン小学校

そして、みんな私を、やたら呼ぶ

ママー
フくみ
ママー
見て
できたよー
エイト
ママー
ママー
よろ
よろ
ママー
ママー
金魚
スイスイーって
ナナト

キャーン
やめてえー

うちでよく見る
ビデオ

クレクレ
タコラ

ドタバタしているので
子供たちも走り回るよ

チキチキ
マシン
猛レース

私たちもなつかしくって
やっぱり楽しい

PEE
WEE

クレイジーでキュートさ
PEE・WEESプレイハウス

ウルトラ
ワールド

ウルトラ兄弟や
怪獣の総集編

ひらけ
ポン
キッキ

歌って踊れる
ポンキッキ

ノンタン
と
いっしょ

ノンタン　ちょっと
悪い子いたずらっ子

ピングー

ピングーママに
共感するよ

**3人の中でなんとなく順番や交換条件や役割分担ができていて、
一緒に遊べたり、ケンカをしたりしながら育っています。
きょうだいとしてべったり過ごすのも、
実はあんまり長い時間ではないように
今の私には思えます。**

とことんつき合おう

それぞれが、少しずつとかめざましくとか、
そのトキによって、その人のペースで成長してゆく中で、
やっぱり私自身がいちばん、
精神的に大きく育っているように思います。
夜中に子供が泣けば、すぐパッと起きて
「よしよし」なんてしなくちゃならない。
私はこの間、夜中に起こされる日々が続き、
もうとってもイヤになってダメになって、
こっちこそ泣きたくなって、
けれどやっぱり「よしよし」して、
もうとことんつき合おうと腹をくくったのでした。

腹をくくるぞ

夜中の2時だよ
ウキャーッ
ボーッと見守る私

パパ
だっこ
だっこ
パパも眠れない

やがて力つきて寝る

マーア
いやー
ママ
ママわからんちんの
世話でたいへん
だね

アー
エイッ
たたみや私のくつ下に絵をかく

この子たちのために、これだけしてあげられるのは、私とパパだけだよ
パパとママは同士になってしまいました

よしがんばろう
おう やってやろう
がんばれ がんばれ
8
7

**気がつけば、だんだん一つのコトで、
みんなが楽しめるものが増えてきました。
たとえば、おやつを食べるとか、おフロに入るとか…。
そして、もう一つはやっぱり遊ぶコト。**

ボール
おべんとう
ビュン
ヨーカドーのザ・セールで9.800円だったMIWAサイクル2号
ビュン

公園や運河や駅ビルや友達のおうちや水族館へも行ける

すぐハイキングができちゃうよ

「おかあさんといっしょ」の公開録画に行きました

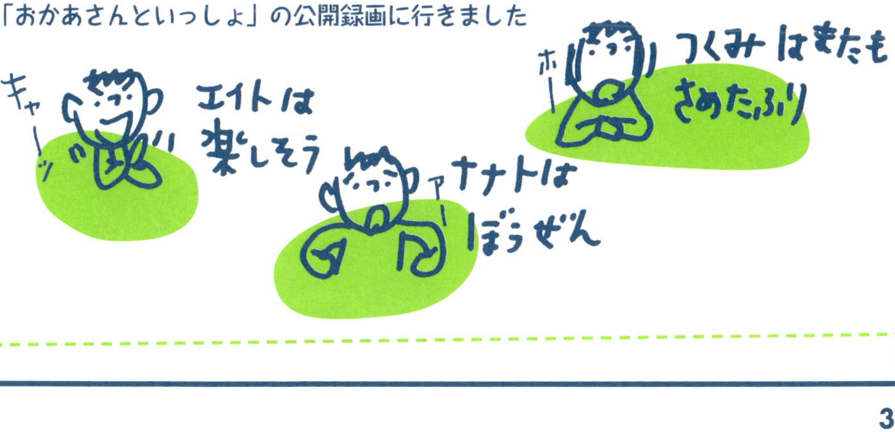
キャーッ
エイトは楽しそう
ア
ナナトはぼうぜん
ホー
つくみはまたもさめたふり

私のささやかな楽しみと気分転換

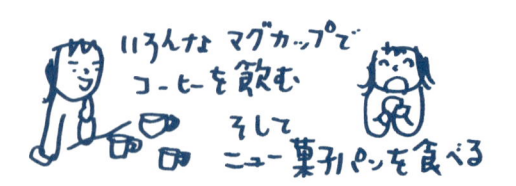

いろんなマグカップで
コーヒーを飲む
そして
ニュー菓子パンを食べる

ラジオとか CDをききながら
J-WAVE ピチカートファイブ チャラ オペラ

雑誌を読んだり
マニキュア
ぬったり
絵をかいたり
するコトです

PART 2

ぽーんとやってみよ！

床屋かなぶん工場から

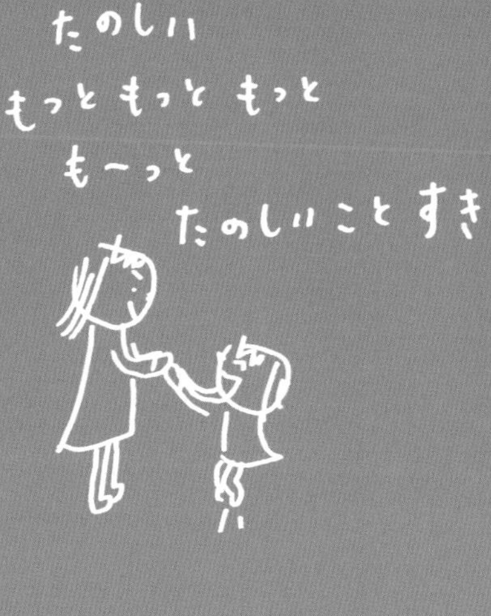
たのしい
もっと もっと もっと
もーっと
たのしいこと すき

子供と一緒にできるコトさ！

子供の描いた絵でマスコットつくろ！
うちキャラランド

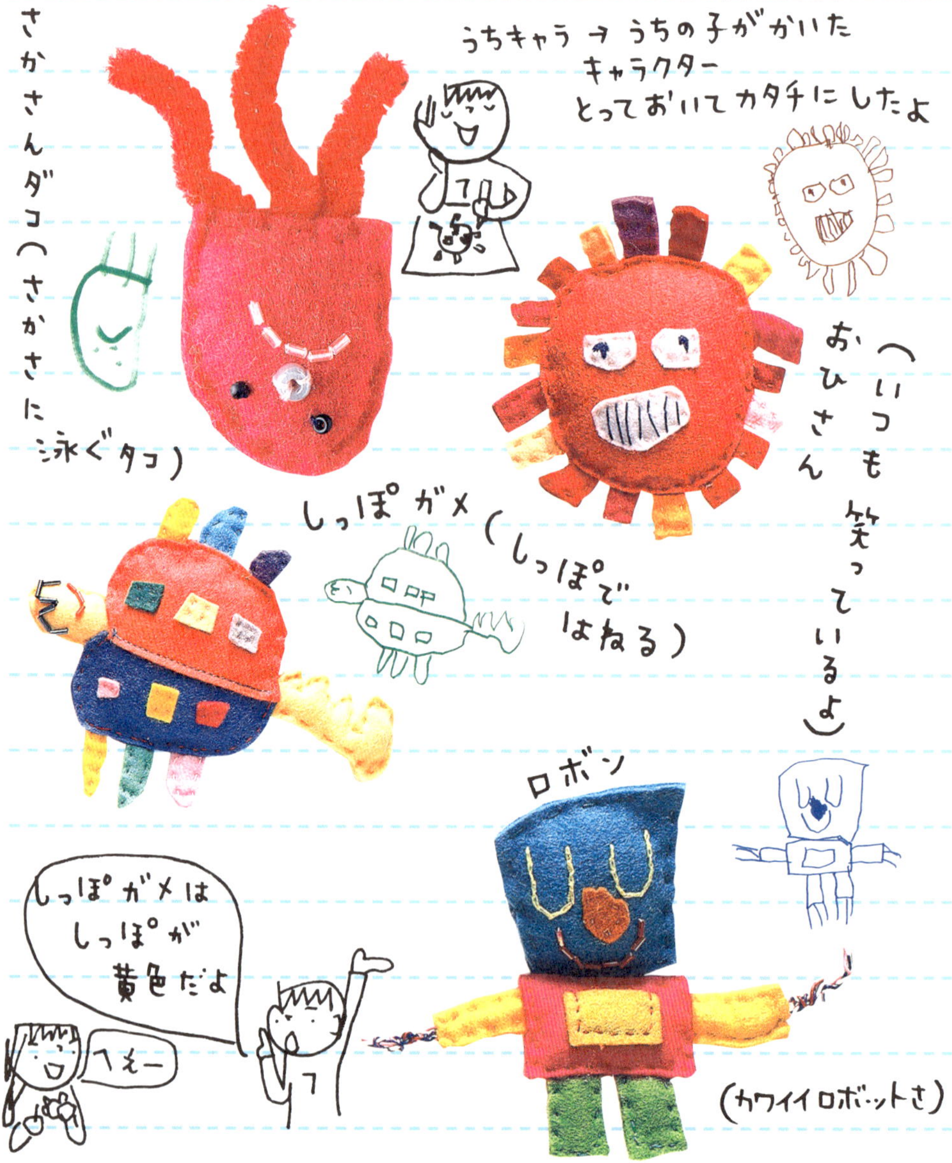

さかさんダコ（さかさに泳ぐタコ）
うちキャラ → うちの子がかいた
キャラクター
とっておいてカタチにしたよ
おひさん（いつも笑っているよ）
しっぽガメ（しっぽではねる）
ロボン
しっぽガメは
しっぽが
黄色だよ
へぇー
（カワイイロボットさ）

顔だけポン
(いろんな顔がくっついている)
ガリン
(ガリガリひっかく)
さかさまん
(くるくるまわって歩く)
きんしょう
(きゅうりくん)
バーベキューヘビ
(食べられないよ)
いもん
(のんびりしている)
皿っぱん
(お皿のせている)
ゴンツブ
(ごはん中1つだけ動いている)
きん
(木のおばあさん)
ギンゴコ
(鼻の穴がついている)

どんぐり拾って表札づくり
秋の思い出とっておこ！

買ってきた木の板のふちを
コンロで焼くんだ
気をつけてね

子供の絵を
枝ではってあげたよ

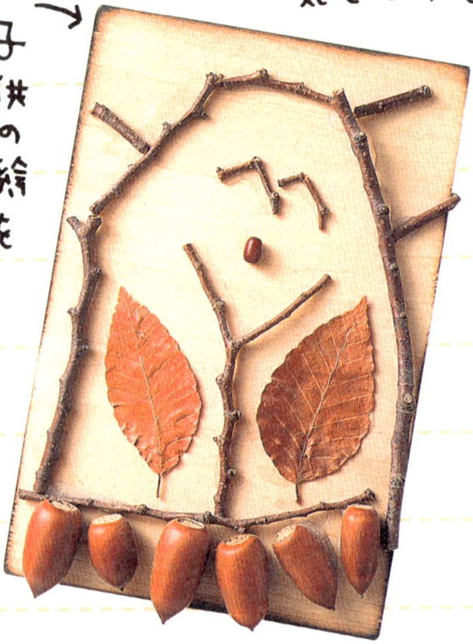

木の枝や葉っぱは
散歩のトキ拾うよ

（よく乾かしてから使おう）

こわれたり
はがれたり
しても
またはれば
いいんだよ

100円ショップの板やなべしきに
ヒートンっていうネジつけたりね

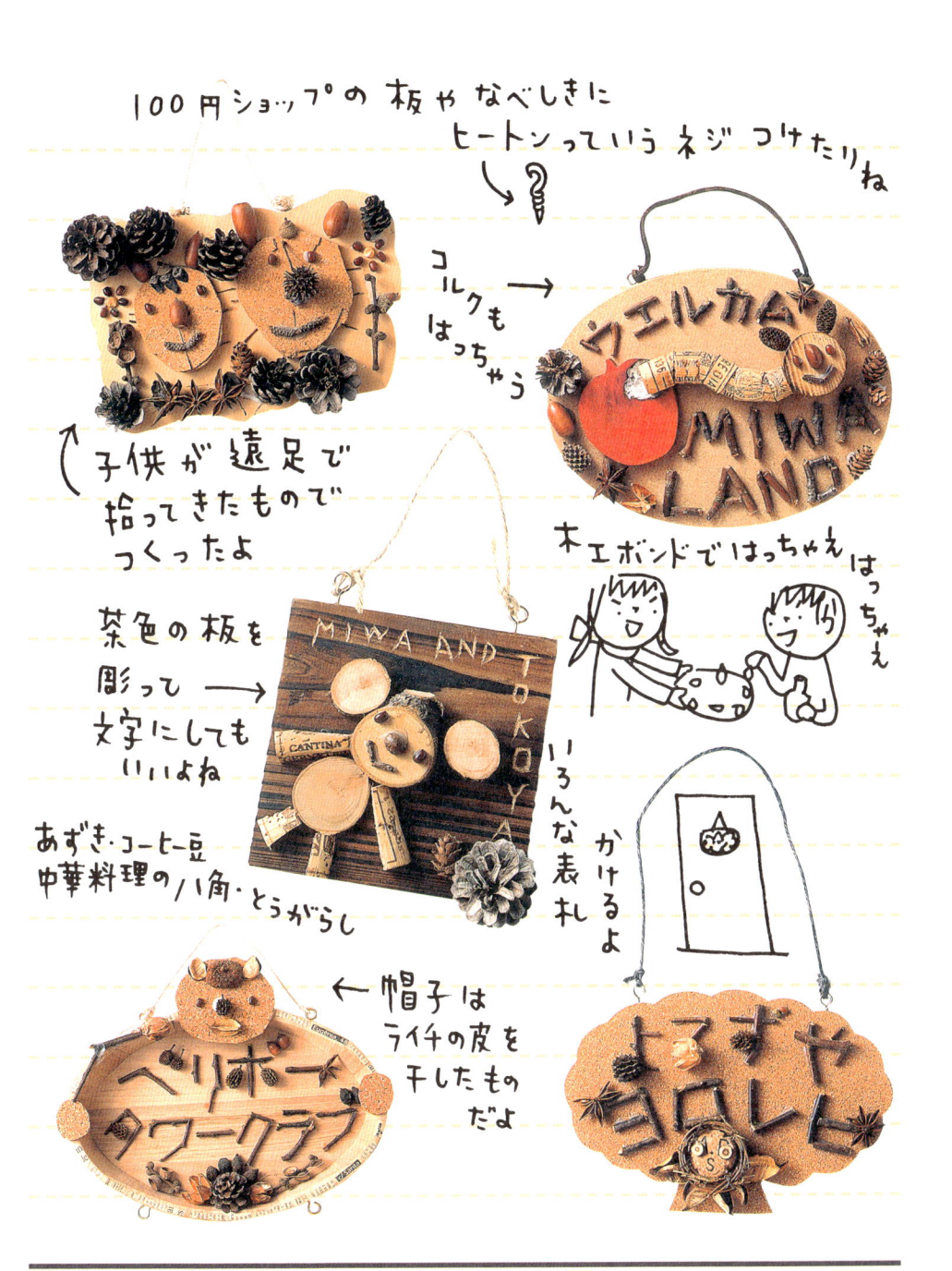

コルクもはっちゃう →

↑子供が遠足で拾ってきたものでつくったよ

木工ボンドではっちゃえ はっちゃえ

茶色の板を彫って文字にしてもいいよね →

いろんな表札かけるよ

あずき・コーヒー豆
中華料理の八角・とうがらし

←帽子はライチの皮を干したものだよ

100円ショップのワイヤーで
クニャクニャくねくねしてみよう

100円ショップのワイヤーと焼き網

こわれたブローチ

飾りつけしてなんでも

かけちゃおう

自転車のカギ

カミの毛のゴム

マガジンラックです

100円ショップのラック

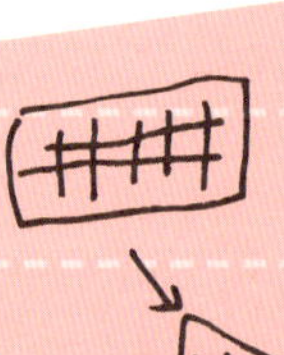

折り曲げる

いらっしゃいませ

プラスチックのお皿に

スプーンと

ミルクピッチャー

細いワイヤーで固定

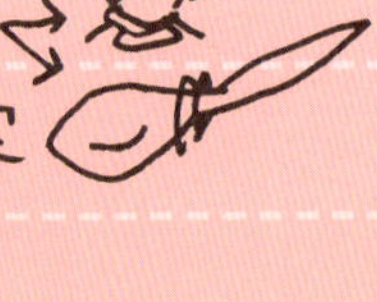

キッチンで使うカゴも
レターラックさ

カナブンファクトリー

100円ショップのふるい

動いてしまうところは
細いワイヤーで固定して
おこう

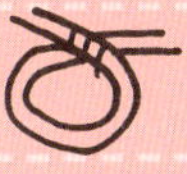

子供でも曲げられるよ

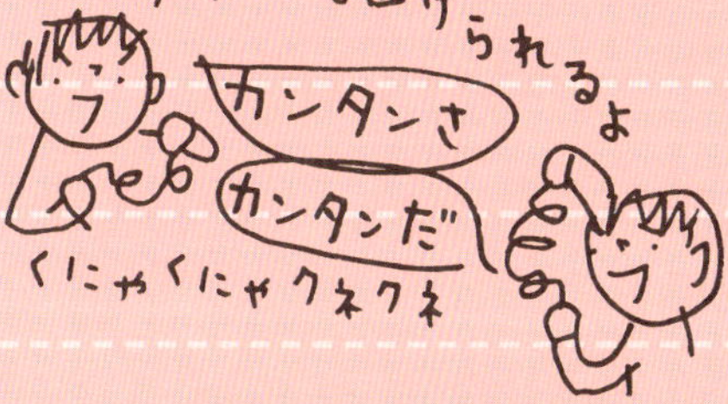

カンタンさ

カンタンだ

くにゃくにゃクネクネ

古い名刺でつくって遊ぼ！
線路すごろく　紙ずもう

いらなくなった名刺のうらですごろくつくりまーす

シールや
切りぬきも
はっちゃえ

今日の気分で
かいたもの
入れちゃうぞ

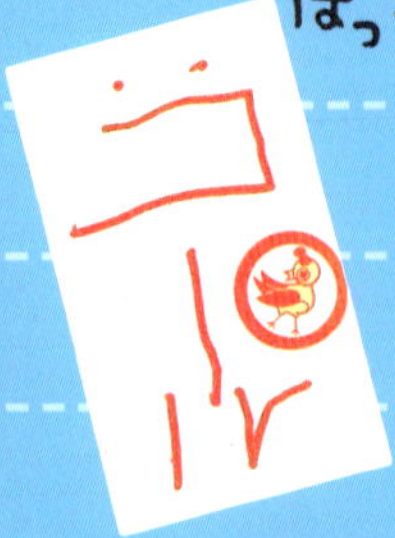

おどる
かたあしで
たっ
ブルブル おきて
あさだよ と いう
いちご
5もどる
薬の箱
うら返して
つくったケース
すごろく
カナブン印
かみずもう大会
はっけよい
のこった
名刺を
半分に折って
つくったよ

うちにあるもの、なんでもクルクルリサイクル

使い古しのカワイイもの
ガーゼやハンカチのピョンコたち

ガーゼのはしっこの部分で耳をつくる

ビーズで目と鼻 くちは赤い糸で

先にガーゼと布を縫い合わせ1枚にしてから足や腕をつくるよ

ガーゼ
布(うら)

わたをつめる

腕のカタチに縫ってうら返す

ばらばらにつくっておいて手縫いでくっつけていく

ハート柄ハンカチ切りぬいて縫い合わせた

パパのトナリに
いつも寝ている→
ピョンコ

この子は
どこに
置いて
おこうかな

毛糸のカゴに
いるよ

モコモコ毛糸を
編んで
体にしてみたよ
テキトウに
こんなカタチに
編んでみたよ

ガーゼのこの感じが
好き

思い出のハンカチも
こんなふうにしてみたら

そうめんの入っていた木箱でつくってみた BOXアート

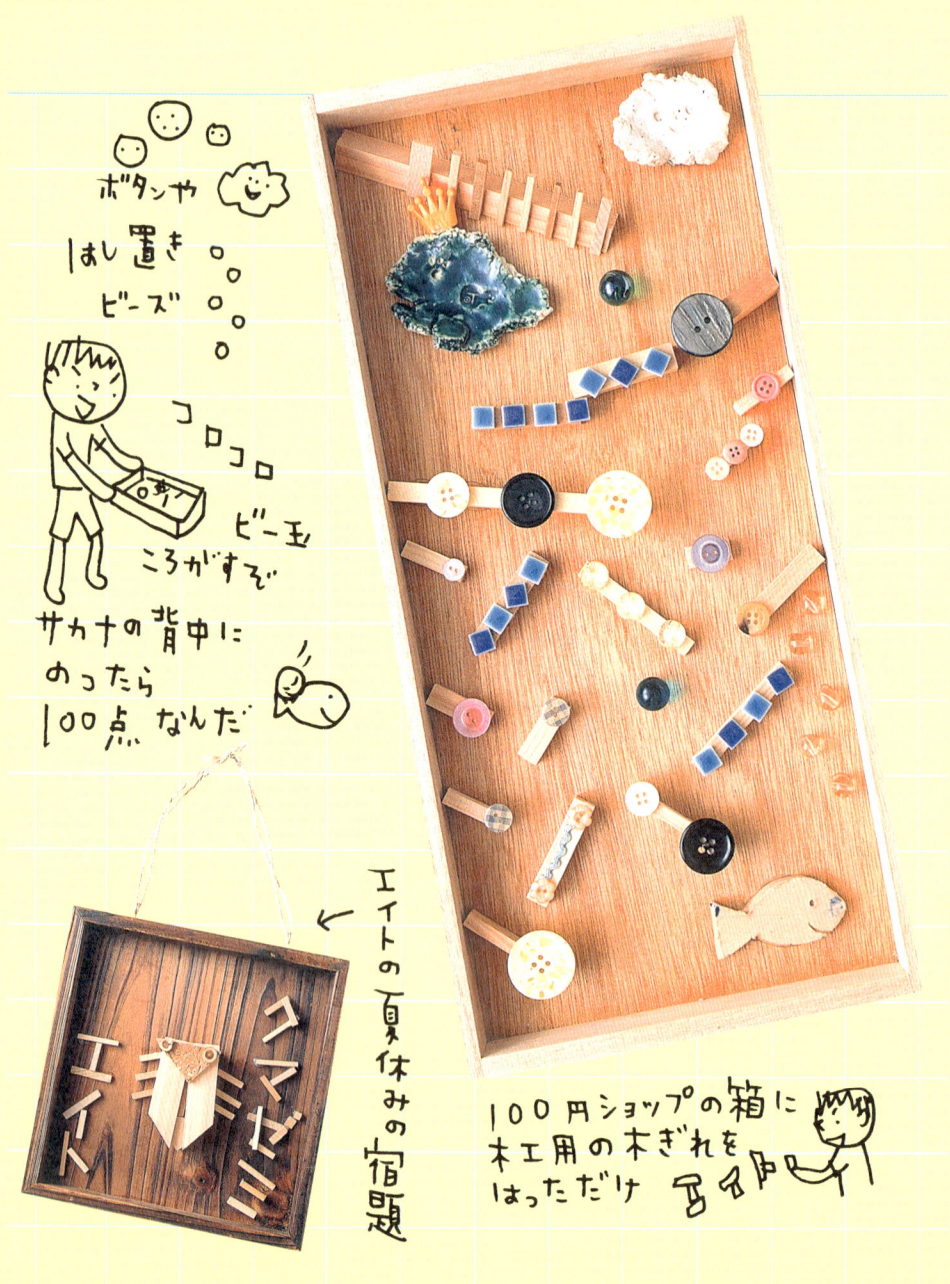

ボタンや
はし置き
ビーズ

コロコロ
ビー玉
ころがすぞ

サカナの背中に
のったら
100点なんだ

エイトの夏休みの宿題

100円ショップの箱に
木工用の木ぎれを
はっただけ

ビー玉をゴールに入れるんだよ　ゴールはくちでーす

木のヘラ

火を使うときは気をつけてね

コンロで焼いちゃった

ここを
こうしてーー

ナナ人の夏休みの宿題さ

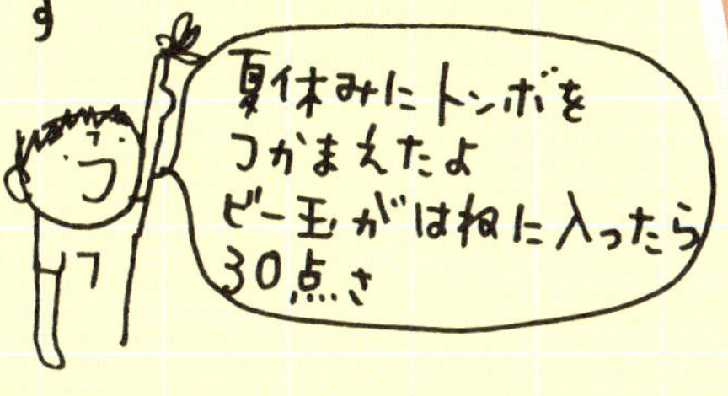
夏休みにトンボを
つかまえたよ
ビー玉がはねに入ったら
30点さ

20
40
50
30
60
スタート

ジーンズマジック
古いズボンでバッグやポシェットができたよ

ジーンズと布を
縫い合わせてから
袋にしていくよ

ジーンズの縫い合わせの
わきの部分をひもにしたよ
丈夫なので 糸が出ていても
気にしなーい

うちの↗
座布団と
同じ布です

いってきまーす

いろんな
大きさの袋って
あると
便利さ

給食ナプキン入れに

いってきまーす

では いってきます

ポケットポシェット

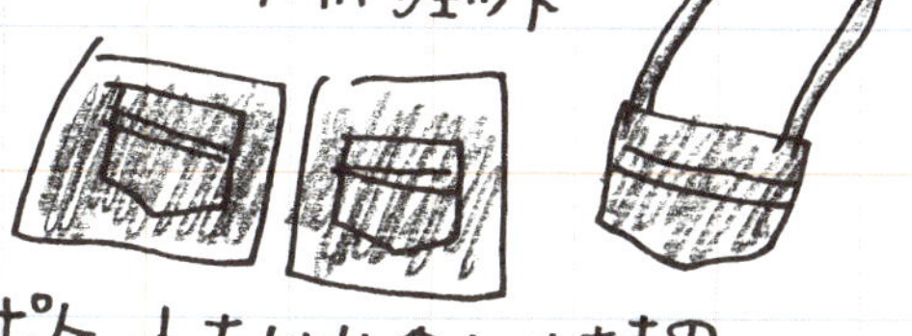

ポケットをはり合わせたもの

段ボール、新聞…いらないものなんて、ないさ！
馬くんと輪なげ

子供って乗れるもの大好きだよね

危なくないもの
使ってつくろう

安定させてね

つぶれないように
新聞紙や
ビニールの
プチプチなど
つめておこう
足にもね

にんじん食べる

シールはっちゃう テープ巻いちゃう
顔にもはっちゃったよ

頭は水筒→

1代目馬くん

カメもできるよ

2代目馬くん

ビニールひもで
つくった
ポンポンを
しっぽに

ラップのしん

私が夢中になったよ

新聞紙を
細く巻いて
輪にしてテープで
巻いただけ

輪なげ

おいしく食べたら捨てずにコレだ！
簡単フレーム

クッキーやチョコの
カワイイパッケージは
こんなふうに写真を入れて
飾ってみようよ

おもちゃの
わくを使って↓

紙皿の真ん中を
くりぬくのも面白いよ

↖
まわりに
シールをはったり

卓上カレンダーの
再利用

はがきの真ん中に
ちょうどよい大きさに
切りぬいて
シールや折り紙
はったり
絵をかいてみたり

絵はがきでも簡単フレームできちゃうよ

すてられないよー

クッキーやキャンディーの袋や箱

ケーキのリボンもお店でもらったリボンも
リサイクルリボン

プ プ プ プ ♪

プレゼント

リリリボン　ふえるよ

リボン　たまるよ

リボン ♪

だっだっだれかに

プレゼントー

♪ ♩ ♪

リボンを縫いつけるよ

ミシンでも手縫いでもどちらでも

のりの入れ物に

リボンをクルクル

巻いてしまっているよ

紙袋ラッピング

上の方を折り

パンチで2カ所に

穴をあけ そこに

リボンを通すだけ

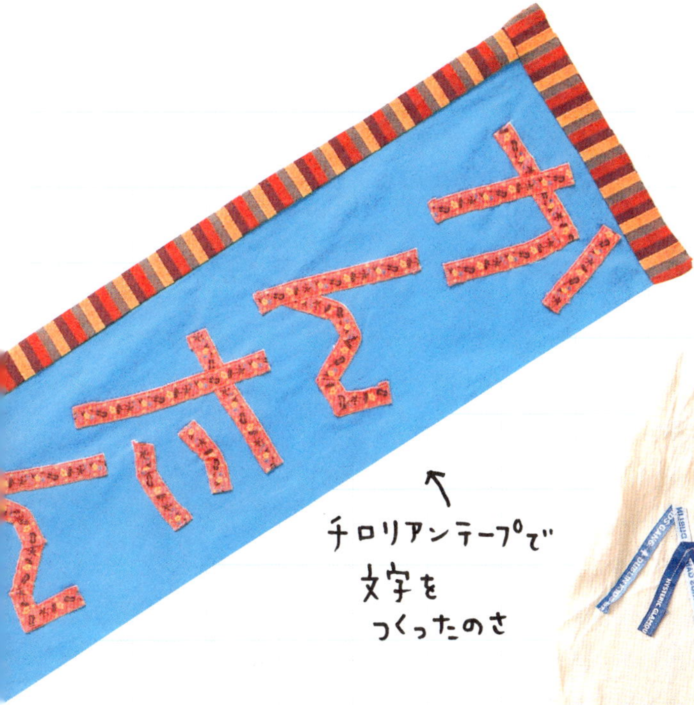

小学校の
ブックフェスタでは
天井から
さげるよ

チロリアンテープで
文字を
つくったのさ

うちのリボンちゃん
ブラジルのマラカス

100円ショップの
クッションに
ギザギザリボンを
つけてみたよ

自分ちスペシャル、やってみよう

私のライフワーク
オリジナル豆本

子供も簡単につくれるよ

ジャンジャカコピーとって
切って折ってあげる
切って折ってあげる

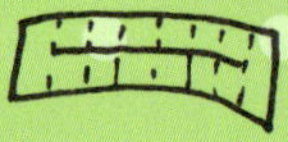

豆絵本折るのが好き

8ページ
豆絵本の
トキは

簡単豆絵本のつくりかた

「赤ちゃんと私」
おまけでついているので
読んでくださいね

① A3ヨコ半分に切る

② 折る

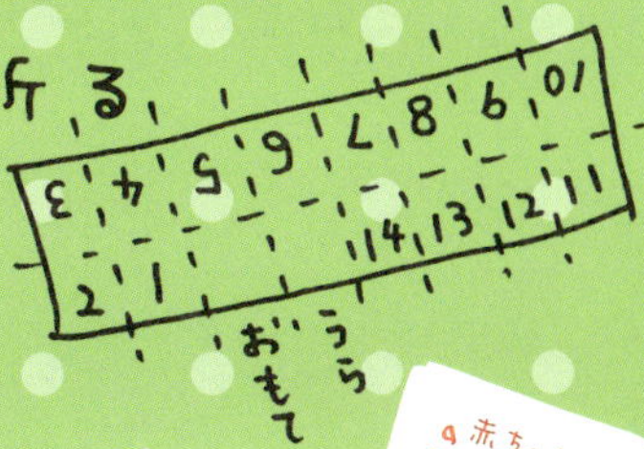

③ 2つに折って
この線の部分を
切る

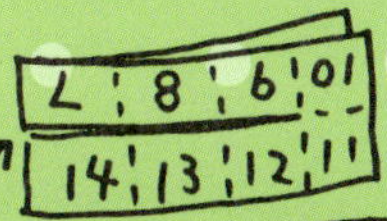

④ 折る

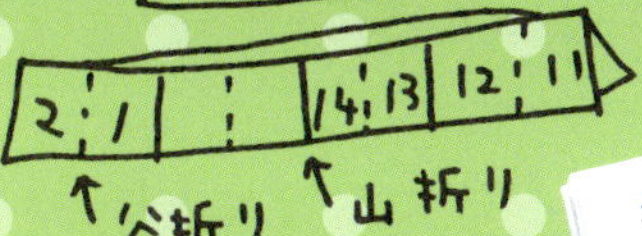

⑤ できた

⑥

ペタペタはっていこう
スケッチブックはり絵絵本

どんぐりころころ
思いついた
ストーリーを
スケッチブックに
はっていくよ

カエルくんのたび

4枚の葉っぱの木をさがして

ペンちゃんのぼうけん

MY
cloud
雲と出会う話

くるまで GO!

包装紙ちらし
切りぬき
子供の
好きなもの
はっちゃうんだ

自由になんでも使っちゃおう

なんてなくの

なんて
なくの

らくがき
されて
なおした

ホーホー

ミーンミンミン

ビリビリにされて
またなおした

オギャー
オギャー

フクロウのユメ

たくさんフェルトマーケット
プチマスコットがこんなにできた！

よろずやヨロレヒ
これが私のお店です

手足触角は
白いワイヤー

触角の先にはビーズ

木の枝

コルク

顔をつけたり
ゴムをつけたりして
縫います

ママ注文だよ
しほちゃんは
うさちゃん
レキくんが
ブルくんだよ

いびつでもなんでも
縫い合わせて
しまうのさ

そんな子ほど
カワイイー

CHAMPAG

チョコレートの箱に
並べて入れていくのが
好きなの

ハンカチやハギレを使いこなそ！
でたらめパッチワーク

100円ショップの
カフェ エプロンに
和柄の布を
はってみたよ

ミシンでも手縫いでも
いいかげーん いいよ
働き者みたいでしょ

一枚の
ハンカチで
一部分を
アップリケに

Tシャツ再利用

赤いナプキンに
ハンカチを
まず
縫いつけます
それを
100円ショップの
イス用クッションに
くっつけました

使い古しのバスマットに
タオルハンカチ
並べてミシンで縫った→
だけだよ

玄関マット
バスマット　トイレマットになります

ハギレや気に入っていた
子供の服
ハンカチ
どんどん
ミシンで縫い合わせた
パッチワーク

オリジナルラッピングで
プレゼントやおみやげつくろ！

つくったものやカワイイものは
ラッピングしてプレゼント
なんだか楽しくなってくるよ

いろんな大きさの袋を
用意しておこう

ビニール袋

紙

スタンプ押したりね

ホチキスでとめる

荷札つけたりね

育児のコト自分のコト…
なんでも描いてみよう　新聞づくり

子供と私の成長記録

A3サイズの半分

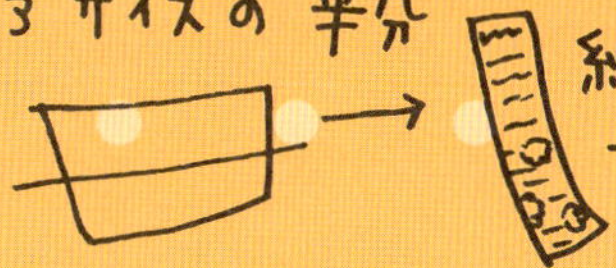

この大きさの
新聞つくっています

今月は何があったかな

ベリボータワークラブ

私がやってきたもの 見たこと
読んだり 出会ったもの
面白いことや伝えたい話を
みんなに届けています

すごーく勝手に
やっているクラブ活動
みたいなんだ

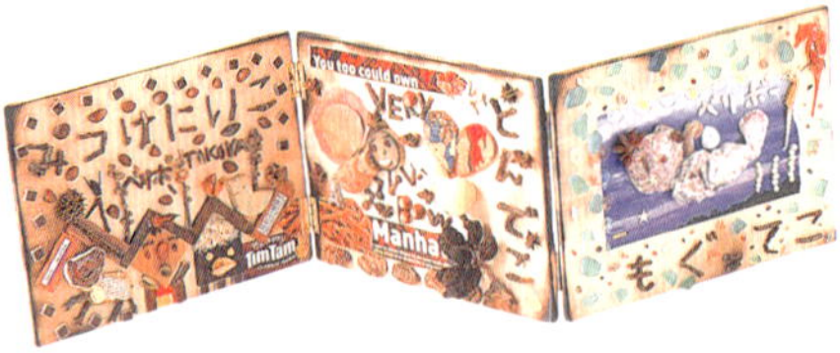

みんな
いこうよ
さあ いこう

はにかみやでも
にがてでも
うたっていこう

PART 3

へこたれてはいられない！

だんだんハハになっていく

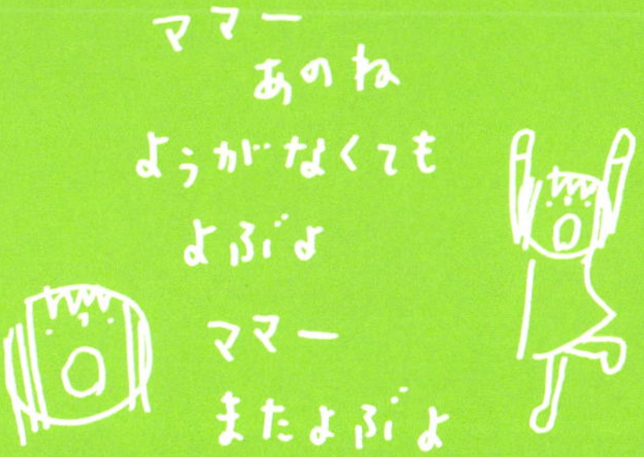
ママー
あのね
ようがなくても
よぶよ
ママー
またよぶよ

「ママ、ママ、ママ——ッ」

子供たちは「ママ、ママ、ママ—ッ」と、一日中呼ぶ。

ママー
ママー ぞーぞー
エイト
ママー見て 自分でうらないするヘビだよ
つくみ
ママー ひこうき ポケモン ジェット ねー
ナナト
つくみはひとりでできるけど
牛乳飲もう
ママー
ママー
あたしもー
了解 了解
私
エイト
ナナト
ママー
ママー
バタ バタ
ママー
ママー 足がいたーい
うあーん

すっころんで泣くエイト

カゴから出られないナナト

楽しくても悲しくても、なんでもかんでも「ママーッ」と言う。

ひとりになりたくて　トイレに行くと…

そっとしておいて
エイト
マーマー
ママ トイレか
ママ トイレだ~
ナナト
ママー ナナトとエイトが呼んでるよ
つくみ

パパがいるトキは…

パパー起きろ~
パパあのね
みわくんあのね
私まで…

とにかくみんな見てもらいたくて、
遊んでもらいたくて、ほめてもらいたくて、
甘えたくて、うるさくて怒られちゃう。
できるだけひとりずつちゃんと
見てあげたいんだけど…。
ゴメンネ。

すぐにだっこの
エイト　1歳

おしゃぶりの指をくれる
ナナト　2歳

ひとりっこになりたいよ~
わかるわかる

ときどきせつなくなる
つくみ　6歳

守ってあげるからね

こんなコトがあった。

ぐずる2人をだっこしていた
そしてベビーカーに乗せようとして　ナナトをおっことしてしまったの

ナナトは青ざめて眠ってしまった

起きてもどしてしまった

タクシーで救急病院へ

CTを撮った

待つのもつらい

そして結果は…

うちに帰ると

ケロッとした調子で
歌を口ずさんでいた

こんなコトもあった。

戻ってくるとヘンなおじさんがいた

ああ　でも私が
いけないの

いろんなコトがあるね。
いっぱい気をつけていても、ふいをついて、こんなコトがあるのです。
そのたび私はドキリとして、ずーっとドキドキとし続けちゃうのです。
これこそが母のキモチなんだよね。
そして「大丈夫、大丈夫。何があっても守ってあげるからね、
ぜんぜん平気だよ」と子供たちに言うのです。

3人で言葉のコミュニケーションが
とれてきたみたいで　おもしろい

子供って意外にデリケート

子供たちはスクスク育ってはゆくけど、
実はすごーくデリケートなトコロもあったりして、
その子その子の対処のしかたも、
ちゃんと考えなくてはいけないなーと思う、
今日このごろなんです。

つくみは何か大事な行事の前になると　ちょっとヘンになる

幼稚園の運動会の　組体操や鼓笛の練習が
はじまったころから　目をパチパチやるようになって
運動会が終わったらなおっていた

今はお遊戯会の練習で　村娘の役なのに
(「ジャックと豆の木」のその他おおぜい)
鼻をツコツコさせています

ナナトは部屋にとび込んできたハエが頭にとまってから
突然どもりだした

ナナトはすぐ左手の人さし指をしゃぶっちゃう

エイトはぜんぜん動じないようでいて　ときどきヘンになる

あやかちゃん
1歳

自分より小さい子にペシペシやられてたら
ジッとしていた　いつもすぐやり返すのに～
その子を私がだっこしちゃったら
泣きそうになって立っていたの
いつもと違う…エイト

3人はすぐ同じコトをピーピー言うのです

ぶどう ジュース 飲みたいなー
つくみ
ママー ぶどう 飲みたーい 飲みたーい
ナナト
ぶどうぶどう ぶどうぶどう
エイト
あーもう
わかった 買ってくるよ

3人はくっついたり離れたりしながら過ごしています

あっち 行ってよ
遊ぼ 遊ぼ
かいせー かいせよー

ポケモンで遊ぶつくみ
するとナナトとエイトが来る

ママー あそべなーい
つく
どして
なんで
7
8

母の強い決断

子どもとの毎日の中には、思いがけないできごとが、
いくつも起こってきます。
こっちもだんだんそんなコトに慣れてきて、
「なったら、なっただ。そういうもんだ」と
なりゆきまかせにはなっているのです。

たとえば　エイトはすぐ物をすててしまう

それから…ナナトは突然具合が悪くなったり　頭を打ったり
救急病院に2回も行った

はしゃいでいて
ころんだりもする

つくみは…いよいよお遊戯会って日に　風邪でフラフラになり　行けなかったのです

私のほうがしょんぼり

熱は下がったし…

ああ、最後のお遊戯会なのに
あんなに練習したのに

でも、そこで、母の強い決断が必要なのです。
「よしっ！　お休みしよう」
そしたら、もうアレコレ言わず、「そっかー、そういうコトだー」という
毅然とした態度をとらなくては…。
こんなふうにがっかりなコトも、しょんぼりなコトも、
子供はそんなに気にしてなくて、思い出しもしないようなので、
私もすっきりさっぱりするのでした

ナナトとエイト
いつのまにか　いいコンビになっていた

なーんで、こんなコトが!?

なーんでこんなコトが次々と起こるのかしら…。
でも、しょうがない。
目の前にあるものから、パッパッとかたづけて、
気持ちよく次に進んで行きましょう。

ママ
どしたの?
Oh!
No

まず、カギがなくなった　さっぱりわからない?

エイトがゴミ箱に
捨てちゃったか

ナナトが細いすき
間にかくしたか

?

つくみがカギを
忘れたか

とにかく最悪のコトを考えて　カギをかえることにしました　9,800円だよ

そのあと　ナナトがカポジー水痘様発疹というものになった

ぜったい
なおしますよ
ウギャー
つきそい
エイトも大泣き

このひとことに安心する母なのでした

口の中がはれてポツポツができる　カワイソーな病気です
病院によって処置が違うと聞いたので
少し遠くの　とても混んでいる病院へ行きました
朝の6時に予約に行き　10時にもう一度行き　2時間も待ちました

あー
ビビーッ

あっという間のコトです

で、今度はエイトが
借りてきたビデオのテープを引っ張り出した

この間　ビデオデッキをこわしたばかりなのに
ヒドイ…
そして　あやまりに行きました

まったく もう…

と、でも過ぎてしまえばすっかり忘れ、
また次々と起こるコトに追われる毎日なのです。

うちの電球は「マメちゃん」という名前です

笑っている カオが ついてる

夜みんなが眠ると
そっと降りてきてチューするのです

オーイ マメちゃん
うそよ どうやって おりるの マメちゃん

マメちゃんは昔　星だったの
流れ星になって　このうちに来たの
そしていつもみんなのコトを見ていて「みんないい子だよー」って
言ってくれるのです
夜中に降りてきて　みんなの耳やほっぺに座っているんだって
「マメちゃんがチューしてくれるから寝なさーい」

へこたれてはいられない！

母になってから、ずーっと肉体労働が続いています。
何をするにしても、せっせと立ったり、すわったり、
洗ったり、持ち上げたり、押さえつけたり…と
クルクル動き回るのが、もはやあたりまえで、
疲れたなーとへこたれてなんていられないのです。
それに加えて最近は、精神的労働も入ってきました。

ある日　児童館に行ったつくみは　5時になっても帰りませんでした

すると電話が…

道に迷ってしまって　新聞屋さんに
拾われたらしい

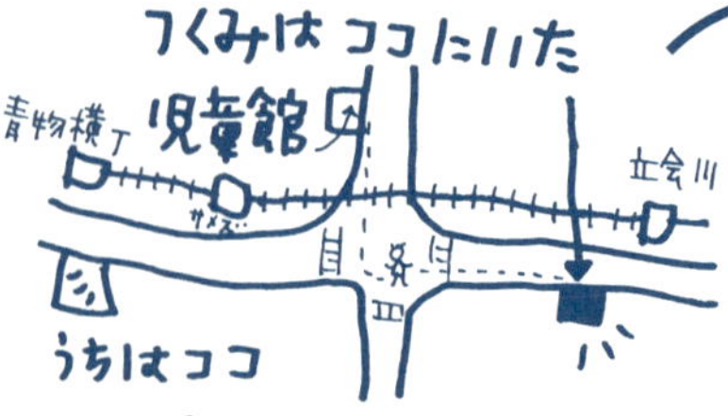

まるで反対方向に歩いて
しまったのだ

いつもはお友達と帰っていたので　ちゃんと道をおぼえていなかったのでした
こんなできごとの中で１つずつ学んでいくのです

いつのまにか3人で　うまく遊んでたりします
なんとなく役割分担があって　見ていてほほえましいんだけど…

幼児クラブ遊び

毎週１回、児童館で歌ったり踊ったり、先生と一緒に遊ぶクラブです

はーい みんなー あつまってー

ママは先生役

ミッキーマウスたいそうですよー
ナナトも エイトも 幼児クラブじゃ 踊らないくせに

ママも のせられてる
トントントントントン
ゾウさん
サンタさん
アンパンマン

次は歌いましょう

てんてんてん てんぐさん
イエーイ

そしてコンサートに
なっちゃう

みわナナトくん
はーい

カードにシールまではって

せんせー
せんせー またあした

そしてサヨナラです

図書館遊び

積み木をスタンプ代わりにして　ペタンペタン
押すだけの遊び

左きき ナナト
右きき エイト
左きき つくみ
本が山積みになる

たたかいごっこ

つくみが学校で男の子に習ってきた

しょうりゅうけん
さどうけん
せんぷうけん

「母」という係なんです

ナナトは3歳になった
ようやくおむつもとれた…と思ったら、また逆もどり

オシッコ出たよ
それが
モジ!!
出ない
モジ…
おむつにして
なぜ？
why?
ママ
イヤー…っ
ヤダモンたぬき
ヤダヤダ
ポン
ポン
やめー
だめー
ママ
ヤダ
ヤダ
ヤダ
ヤダ
ヤダ

いよいよ反抗期なのか？

ときには
2匹や3匹

なんでー、こんなにしてあげているのに、
なんでわかんないのー、と思うと怒りがこみあげてくるのよ。
あぁ、でも、私は今、「母」という役割なんです。
今はそういう係なんです。
そうなんです。

えっ
ママー
それ
カッコイイよ
いいよ
いいねぇー
John
baby
oil

なんでもないものを
ほめてくれるナナト

またしても救急病院へ行ったナナト

ナナト
みみがイタイよー

コレが夜7時過ぎ

中耳炎だ
みんな病院行くよ

ナナト大丈夫だからね
ワーイお出かけだ
いいソ

てなわけでタクシーへ

途中でつくみとエイトを友達の
ふんちゃんちにお願いした

いい
ママ がんばって

…なんてこともあるので
まったく気が抜けない私たち

まだだっこできるね

ナナトワールド　ナナトはなぜか言葉が丁寧すぎるのです

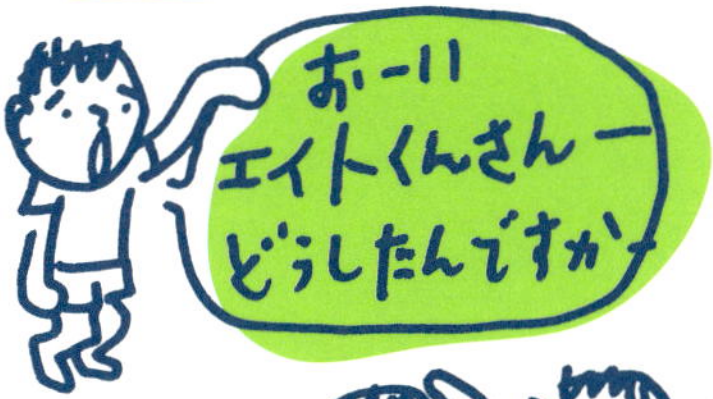
おーい
エイトくんさんー
どうしたんですかー

ナナト
トイレで
オシッコするよ
幼稚園
行くんだもん

エイトくん
一緒に
かたづけようね

つくみワールド　ひょうひょうとマイペースなつくみ

おかしいなー
なーんか
忘れてるんだ
なんだろなー

じゃ〜お八で
お話しよう
私

あ〜
コレだったよ
ズルーン

まだ赤ちゃんでいてほしいの

**エイトは、お調子者の甘え上手の乱暴、
ちらかしやのおしゃべりくんの男の子になったよ。
でも、なんだかまだ赤ちゃんでいてほしいので、
ホイッとすぐだっこしてしまうのです。**

赤ちゃんでいてね　ずっとだよ
ずっとずっと

きょうりゅう
コワイの
花火
こわーい

ピョーン
あーっ
やめてー

容赦なくとびつく

キックと
パンチ
キック
パンチ

キック&パンチ

いっつも図鑑を見てる
カメのトコロ

カオも
カメ
カメなの
ズル
ズル
カメカメ

相当なカメ好き

カメとサメのたたかい
シシシーッ
サメーイ

ママ
ママ
はっぱが
くるくる
まわってたよー

すぐビックリ顔になる

ゴシ
ゴシ

ときどき洗っている
何かをずーっと洗っている

ナナトはトリたなっちゃう
ピーピー

ふと気がつけば、子供たちと一緒に、一つのものを見て、感じて、テクテク歩きながら感想を言ったりできるようになっていたのでした。だから、今年の夏休みはいっぱい思い出ができました。

岩井の自然博物館
うわー
わー おもしろーい
おおきい
スゴイなー
ほらねー
つくババ

つくばの
おばあちゃん

ウーン
スゴーイ ステキー
おいしそー

山田さんちのスイカとらせて
もらったの

うわー

せみのぬけがらだらけ

わースゴイねー

キレイ-
ナナトは花火大好き
キレイ
コワイ

このイモムシの名前
ディカプリオにしようかなー
フジワラノリカに
しようかなー
しむらけん!
マイケル
ジャクソン?
くわがたの
名前は
八百円《はっぴゃくえん》に
しよう

応援できるトコロにいたいな

子供に何かをやらせるためには、いくつかの方法があります。
うまくのせたりおだてたりとか、しっかり納得させるとか、
きつく言い聞かせるとか…。
自然にそうなっていけばいいけど、
新しいコトに対しては、「イヤイヤ」と言いがちなものです。
できればひとりで新しいトコロへ行って、友達を見つけてほしい…。
ひとりでできるコトが大切で、
それをいつも応援できるトコロにいたいなー、と思っているのです。

つくみ スイミングに 行こうよ
イヤイヤ

イヤー

本棚のカゲにかくれて
泣いてた

あー
やっぱり

小さいトキ
わたしも泣き泣きスイミングに 行ってたのよ わかる そのキモチ

でもココでママは　次の方法へ

ゴーゴー♪
つくみ
チャレンジ チャレンジ
つくみ
ねーね がんばれー
オーオー
8
7
応援団 兄弟

とことん応援する私
そうだそうだのりのりのせのせだー

ちょっとなら
えーっ
イヤだけど
じゃー やってみようかな

半ば強引なやり方で　とりあえずはその気になってくれた

エッホ
エッホ
ゴーゴー
レッツゴー
がんばれ
つくみー

顔をつけられないながらも
そっと手を振るつくみ

コレが
自信に
つながるのよ

でも　こんな方法もあった
一緒にはじめたサトちゃんち

人間はトリのようには
とべないけど
サカナのようには
およげるのよ
うん

3人で遊ぶようになったのはいいけれど…

待て〜
ナート
キャーッ
エイト
こわい
べえー

すぐに

ズルーン
えーん
ねえねのコト
ぶったー
イタイよ
エーン

そこで私の出番

もーかたづけなさーい
しずかにしなさーい
寝なさーい
・・・・さーい

えーん

あっ
へへへ
またバクハツした

すると3人は
とたんに仲よくなるのさ
ママって怒り損

子供の好きなもの

子供の好きなものって、何で決まってゆくのかな…。
まわりの影響、そして本能とかDNAか～？
うちの子たちは、でんしゃやくるまよりもウルトラマンや
サカナが好きで、マニアックな方向に走っていってます。
今になってはもう、あれもこれもといったトコロで、
興味のないものにはまったく目がいかないのです。

あー それは ザ ウルトラマン つまり ジョーニアス だよ
コレは バルタン2イぜ目
ねーね おしえて
ジャック シンドラーは グレートよ

ポケモン
ガチャポン勉強会

そうそう
しんか けい
リザードン

サカナもかなりマニアック

モンガラカワハギかー
しゅもくザメかー
はいっ
尾もない目もない足もない（ナマコ）

1日に何度もやる「お魚かるた」復刻版（昭和12年制作）
それから全部違う絵の「お魚トランプ」

コレッ
神経すいじゃく
スゴイ

今、うちではやっているもの

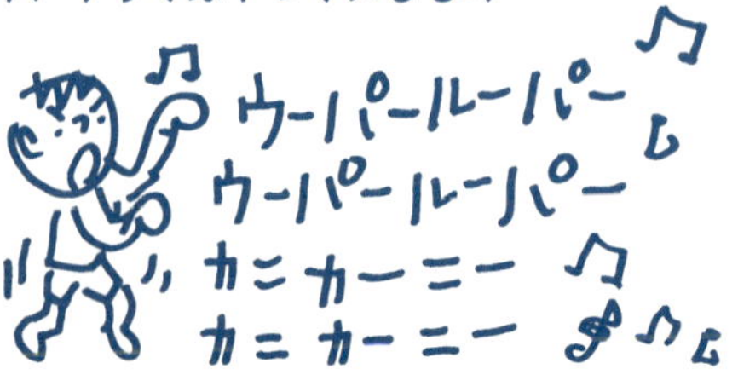
ウーパールーパー
ウーパールーパー
カニカーニー
カニカーニー

ボボさん
アフロヘア は みんな ボボさん
カラムーチョ も
ボボさん

今、うちではやっている遊び

段ボール遊び
やだよー
キツイよー
バタバタ
ポケモン
プリンの絵
シール
出おくれたナナト

やーっ
ロボット
やるのー
1コないの
牛乳パック
エイトが考えたロボット

かえせー
かえせー
じんべいザメ
しーらんペッタン
ゴリラー

もーうねーねのだよ
こっそり
エヘヘ
ポケモンの箱
コロコロコミック

やめてーくれー
ママー
ナナトが取った
エイトくんが
取ったんだよ
ママ

もーう
ナナトとエイトの
わからんちん

なんでこうもつまらないコトでもめるのか
毎日よくもあきずにケンカして
私もコラーッと怒って
そして発散しているのかも。

ママが好き♡

こんなコトが
うれしいの

いつのまにか出かけられるように

**思いがけないコトが起きる…と、子供も私も学習する。
成長してゆくのはうれしいのだけれど、こっちはそれに備えて身構えていなければなりません。**

そしてもどってみると

そしてあいた

それでも次々起こる予期せぬできごと

またビデオがこわされた
巻きもどしの途中でビデオを
取り出していたエイト

自転車のタイヤもすり切れた
何度もパンクを直しても、
毎日フル回転じゃしかたない

おフロの栓をぬく
またしてもぬく
懲りずにぬく
あっという間にお湯
がなくなる

**あのときこうしておけば…と
後悔しているヒマもないのです**

いつのまにか私たち４人は列になって、
あちこち出かけられるようになっていました。

この間はおにぎり持って羽田空港へ

つくみナナト
チーム
ママとエイト
チーム
7
293
スタスタ
8

ワーポケモンジェットだー
うちにいるよりラクだよ

やっ！　しかしいざ帰るとなると　コレ　　　　　　…でモノでつるトキも

エイトぜったい帰んないもん
あっそう バイバイ
ママー エイト おいてかないで
またエイト
じゃーソフトクリーム食べよーっ

ママーおいしいねー
ゴネゴネエイト
調子いい人
どうやって食べようかなー
ゆっくりな人
こうやって食べるのが好きなの
またへんてこな人
あっ
こぼすよ

こんなコトが、
少しでも思い出になってくれれば
と思う私です。

ママ
なんでおこってんの
そんな
おこんなくても
いいじゃん
ナナト
ママが
大好きなの
そうなの

私は大声でおこってばかり…
でも男の子たちは
おこってもたたいても
ぜんぜん平気
もう負けないもん

PART 4

クラブ活動はじめよう

ひとりだって、いつからだって

いろんなコトのはじまり

はじまったよ　いろんなコトのはじまり
はじまりは今　まさに今ココ
そして　はじめの一歩は
どんなコトでもいいよね
歩きはじめれば
いろんな景色が見えはじめるよ
今まで知らなかったものに出会えるよ
チャンスだって
はじめてみようよ
一歩

ウーパールーパーのタピー。
引っ越し祝いにリクエストして、
友達にもらったものです。
あのまま無事に育っていたら…
シクシク。

陶芸倶楽部

先生は 本業 本屋のおじさんです
クイズに勝ってもらった 先生作の 湯のみ

めばえ幼稚園*1の陶芸クラブに はいって1年たちました
空気を抜くための キク練りも 上手になってきたよ
コレだー わかったー
この1年で作ったもの

はじめて作ったやつ
めっちゃ 重い器
ガラスも まばら
カップ
板作り
去年のテーマ『顔の器』
はじっこをくっつけ
そこもくっつける
くもの お皿
はしおき
素焼きのままのもの
ハトの器
お花のお皿

フラフラ フラダンス

サンディーが 渋谷でフラダンスを 教えているんだって
サンディー＆サンセットのサンディーさ
フラはいいよー
と言って 友達が サンディーのフラダンスビデオを くれたんだ 神に祈りを ささげてから ステキに踊るの いかがー
いいかも やってみたいな

育てようクラブ

今のおうちに引っ越して から つくみが いろんなもの育てているよ

ふんちゃんから 引っ越し祝いに もらった ウーパー ルーパー
タピー（タピオカ）って名前

体長 5cm
指 5本
フワフワと浮いたり ただよったり 歩きまわったり 水草に ひっかかっていたり 内臓が すけていたりの いやし系
乾燥 イトミミズのようなものを 食べている

金魚 けむくん と キスキ
おまつりの金魚
タピーも金魚たちも フツウの水そうに 水草だけで 水が汚れたら かえてあげています
つくみは毎日 6時に起きて 世話をしています

植木 いろいろ

近所に吉田省次郎商会という 植木屋さんがあって 5コ 300円の お花とか 野菜の苗とか 売っています
土《つち》まで 買ってくる人
プチトマトやナス パセリ ハーブ いろんなもん 植えてます

注）＊1　めばえ幼稚園…近所の幼稚園。子供たちの通っている園ではない。

クラブ活動していますか

みなさん　勝手に活動していますか
何より自分が　楽しく活気があって
まわりに　そんな人が集まってくるといいですよね
元気に　楽しく　笑ってやってみてください
ボールがあったら　蹴ってみて
おだんごがあったら食べてみて
とにかく目の前にあるコトから
はじめてみましょうよ
それは案外つまらないかも
けれど　やがておもしろくなるかも…
いや　やっぱりヘンかも
それでも少し続けてみれば
なんだか　いとおしくカワイく
波にのってしまうコトだってあるはずです
今やれるモノはなんでしょう
ちょっと思ってみてください

小さな表札づくりから、
どんどん大きなものになって、
今では木の看板屋さんに。
「ようこそ」――そんな気持ちで
つくっています。

看板《かんばん》クラブ
welcome MINALAND
床屋かなぶん工場では
看板や表札を作っています
『立会小*1 金管バンド 星のキッズ』
校長先生が 主事さんに頼んで
くれて 立派なものになりました
プラスチックケースにはいったぞ
陶芸で作ったもの
へちま
やしゃぶし
鈴木
内山先生の結婚祝いに
コレかまぼこの板
幼稚園の先生に
日暮さんの還暦のお祝いに
100円ショップの板
まわりを少し焼く
木の実
はりたつ事です
タイル
コルクボード
どんぐり
いつもいろんな材料をそろえている
お花屋さん KASHIKO に
使ってね
どうぞ
ありがとう
オオニソガラム
タニワタリ
お礼にお花をもらいました うれしい
バザークラブ
いらっしゃい いらっしゃーい
鹿島神社で ボーイスカウトの*3
バザーをしました
いらっしゃいませって
いろんなもの売るの
楽しいよね
私が買ったもの
リュックに入れて持って帰った
DANSK 500円
20円 M&Mのマグカップ
リュックサック 500円
昔のおしょうゆさし 100円
100円
エスニックバッグ
エイト
ポケモン 水筒 20円
Brazilian
絵本 20円
スライム
ジュース10円 サトシの帽子 100円
で、フラワークラブ
いただいたお花のおすそわけ
オオニソガラム
竹の新芽
あじさい
すみえおばあちゃんに*2
するとお礼が
うれしいなー
本当のテニスクラブ
立会小学校 テニスクラブの代表も
私やっているんだ 年間2000円
土.日の4時から6時 コートは
3面もとれるんだよ
いくわよ
キラーン
今どきこんな人はいません
こんなカッコでやってます

注）*1　立会小…子供の通う小学校。　*2　すみえおばあちゃん…マンションの1階に住むおばあちゃん。
*3　ボーイスカウト…子供たちが入団している。

好きなもののアンテナ

はっていようよ　いつも
自分の好きなものの　アンテナ
大丈夫　ここにいたって届くから
それは　ＴＶからかもしれない
雑誌から　新聞から　友達から
ひらめくことだってあるし
ピョーンとくるよね　それ
迷ってないで　やってみようよ
のぞいてみようよ　行ってみよ
ダメだったら　違ってたら
「惜しい」「残念」
また次を…

すみえおばあちゃん（p.93参照）から
届くお手紙。
ポストに、新聞受けに、
おみやげと一緒に、ときには郵便で。
心のこもったステキなおたよりです。

どんぐりクラブ

幼稚園の役員をしていたので
卒園式を楽しく手作りで
プロデュースしてみたよ

かんぴょう
八角
どんぐり
あずき
コーヒー豆
コルクの板

それぞれのお母さんたちに子供の名札を作ってもらいました
材料を集めたら色が変色したかんぴょうもありました
先生方やバスの運転手さんの名札は私が作りました

式次第も豆絵本で作り1人ずつの名前も入れました

フウセンもふくらましたし
踊りも踊ったよ♫

燃えつきた

ある日ドアにお手紙が…

MIWA LAND

新聞受けを見てください と
それは下のすみえおばあちゃんからです
新聞受けには達筆なお手紙がはいっていました

和光でやっている
お人形展
ステキでしたので
行かれてみては
エレベーター直行で
参ります 早朝三時三十分

そんなわけで

岩田典子人形展

なつかしく素朴な
あたたかい やさしさや
温もりをジーンと
感じるステキな
人形展でした

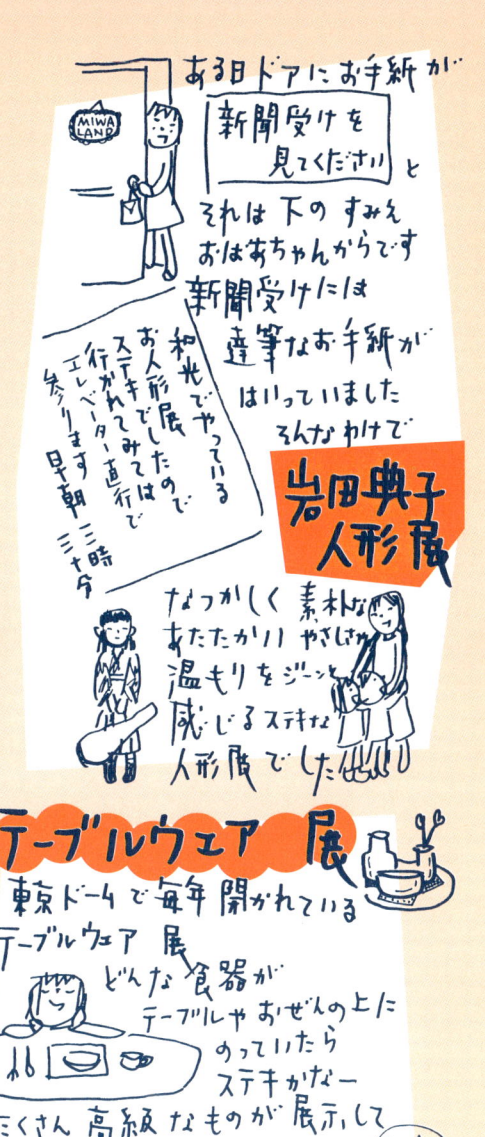

テーブルウェア展

東京ドームで毎年開かれている
テーブルウェア展
どんな食器が
テーブルやおぜんの上に
のっていたら
ステキかなー

たくさん高級なものが展示してあったけど 自分らしくおもてなしするのがいいよね

シンプルいいかも
今無地にこってるよ

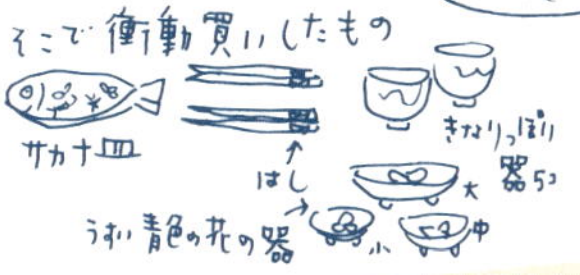
そこで衝動買いしたもの
サカナ皿
はし
きなりっぽい器5つ
大
うすい青色の花の器
小
中

Bookken

図書館で見つけた本
『幸せをさがす日記』オグ・マンディーノ
若いトキ無一文になり図書館で
出会った本に救われたおじさんの日記
なんと『12番目の天使』を書いた
オグ・マンディーノなのだった
ある日の日記には
即実行 とあった そっかー

やってみました

そして　やってみました
そしたら　みんな　「何やってんの」って寄ってきて
少しずつ人が集まり　人だかりになり
「なーんだ、こんなコトなのか」と言いながら
それを　ほかの人に伝えたりして広がって
やがて　ウワサがウワサを呼び
巷では「かなりのもんらしい」なんてコトに
なってゆくのです
楽しみにしながら　みなさん　とりあえず
それとかコレ　やってみてくださいね

床屋かなぶん工場は、
この運転席で、
子供たちが走り回っていようと
おかまいなく、
ケムリを出しているのです。

タココレ《タココレクション》

うーんと 集まってきた タコたち

歯ブラシ立て

水色

指人形

毛糸あみあみタコ

オレンジ

まりchanにもらったもの

ハワイアンタコ　100円

ひもをひっぱるとブルブルする

イエローで麦わら帽子

幸福のつぼ　子ダコ→

スーパー平野屋　3匹がはいる

~~100円~~→300円

どう見ても タコつぼ

ほんとに 幸福 になりそうと

思って買う人がいるのか？

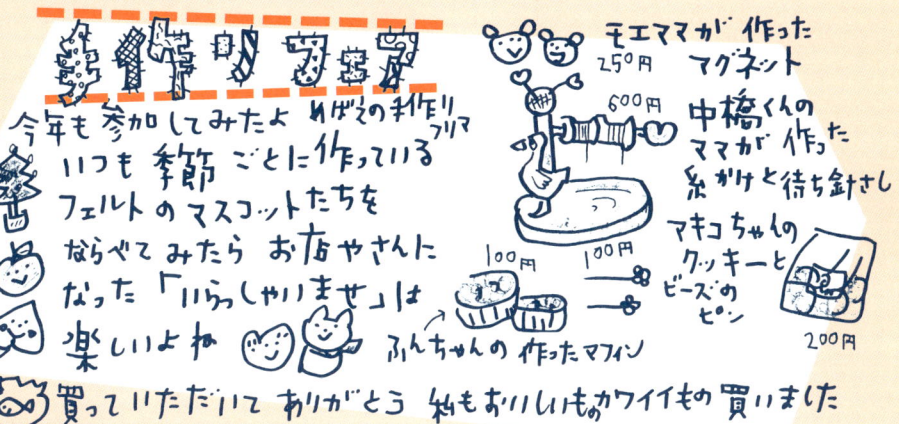

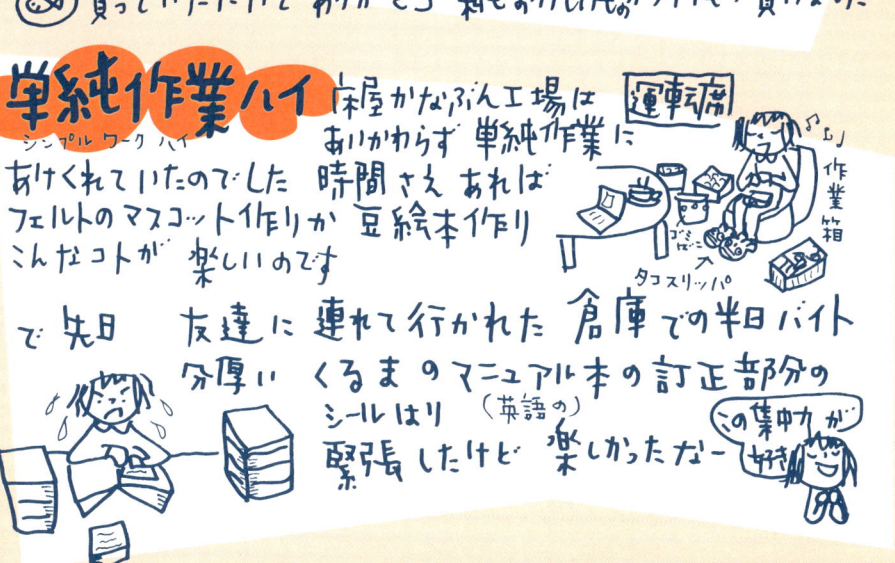

手作りフリマ

今年も参加してみたよ めばえの手作りフリマ

いつも季節ごとに作っている

フェルトのマスコットたちを

ならべてみたら お店やさんになった 「いらっしゃいませ」は

楽しいよね

モエママが作ったマグネット　250円

600円

中橋くんのママが作った

糸かけと待ち針さし

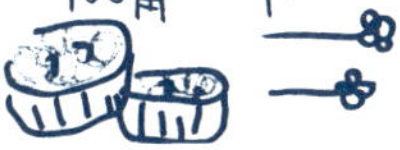

100円

ふんちゃんの作ったマフィン

100円

アキコちゃんのクッキーとビーズのピン

200円

買っていただいて ありがとう 私もおいしいものカワイイもの買いました

単純作業ハイ《シンプル ワーク ハイ》

床屋かなぶん工場は あいかわらず 単純作業に

あけくれていたのでした 時間さえあれば

フェルトのマスコット作りか 豆絵本作り

こんなコトが 楽しいのです

運転席

作業箱

ゴミばこ

タコスリッパ

で 先日　友達に連れて行かれた 倉庫での半日バイト

分厚い くるまのマニュアル本の訂正部分の

（英語の）シールはり

緊張したけど 楽しかったなー

この集中力が好き

うまくやるつもりのコツ

うーんとうまくやるつもりのコツ
なんて　あったら　教えてほしいよ
けれど　私は　いつも
そのつもりになって
やってみています
言ってみて　やってみる
その気になったら　すぐに
掃除機かけるみたいに
気分で　リズムで
タイミングで　バランスで
うまくできないトキは　それまでのコト
くよくよせずに（くよくよしても）
また　すぐ　うーんとうまく
やるつもりになって
上手に乗り切ってゆきましょうよ
勝手な歌でも歌いながら

児童館の電動糸ノコで、
パズルをつくりました。
いくつか足りないけど、
いっぱい遊んでくれました。

工作しよう

木のパズルをつくったよ　まずは
厚さ1cmの板に下絵を
かきます
木のパズルデザイン画集から
カンタンなのを選びました

イルカ
タコ
アザラシ

それからハンドドリルで
目と その他1か所 ウィーンと
穴をあけます
そして 電動
糸ノコでガガー…
ミシンのように
切ってゆきます

ガガ

この振動 木のかおり
何もかも忘れる集中力が
楽しいのです

Booker

I LOVE YOU 1
E 2

新刊のように
キレイな本

図書館のリサイクル市は
時々開かれます あまり
宣伝はしていないので
図書館のちらしなどで
知ることができます
本や雑誌が床に
ずらーりならべられて 1冊
10円ぐらいの寄附で
いいのです

ゆうらり
泳ぐ
金魚の話

よこっちょ歩きの
カニの話
酒呑みたぬきの話
他『金色のライオン』

ゲームであそぼう

うちではやっているカードゲーム

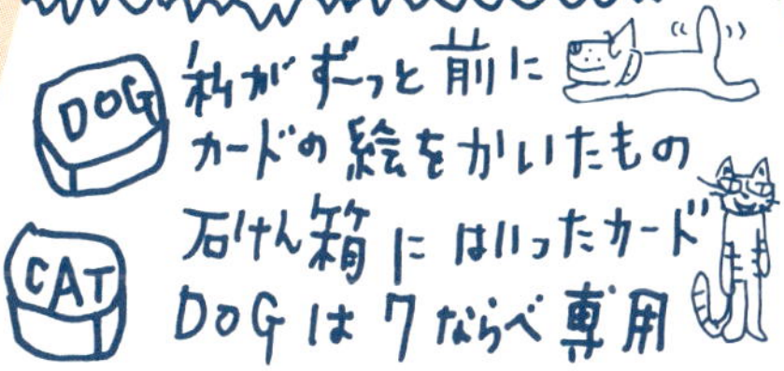

DOG
CAT

私がずっと前に
カードの絵をかいたもの
石けん箱にはいったカード
DOGは7ならべ専用
CATはポーカー専用
カワイイ犬や猫の写真も
ついていて楽しいよ
残念ながら 今は売られていません

かお
かお
コマ

コマちゃんの
かおカード

やっぱりオセロでしょう

どのうちにも あったはず
オセロ！ でも いつのまにか
どこへ行ったの オセロ！
つくみと 2人で さっそく
作りました 段ボールでね
難点は すぐ動いて
しまうコト でも よみがえる
白黒勝負の世界

おおぜいで盛りあがるのはピクショナリー

1分間で
自分の相手に
絵で 言葉を
伝えるゲーム

家・老人・ユメ
あきらめる…とか
ツルツルする
…とか

へのへの

どんなゲームでも ほどよく本気になると 楽しいもんです

足踏み状態のトキだって

何かに夢中になって
追い求めたり　調べたり　没頭したりするコトが
次への道に　ちゃんとつながってゆくのかな
ムダにも見える　この足踏み状態でさえ
私にとって必要なコトなのでしょう
たしかに何かを探し続けて、
「コレだー！」という手ごたえを感じたいのです
わかる？

タコは子供のころから集めています。
「集めているよ」って言うと、
集まってくるのです。
オーイ、タコ、集まってこーい。

タコ集めクラブ

またしても
タココレクションはカワイらしい
キュ——ッとなタコが
やってきたのです

マンガ家
雨月《うげつ》衣《ころも》さんの
みわくんの友達
手作りタコchan

ボールのような
ぬいあわせ

アンティックな
赤い着物の布で
できているのです

手あみ
ビームスの
ダイ
Changが
ネコのオモチャ

買わなかったがタコとっくり

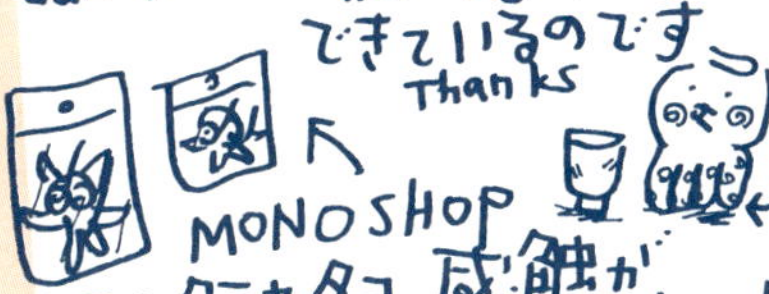

Thanks
MONOSHOP
クニャクニャタコ
by まりchan
感触が
ぐんにゃり

(子供の手前 すぐに買えないものもある)

ミシンクラブ

ダダダ

ミシンかけるの
好きなの
ただかける
ぞうきん 袋 バスマット
作る作る ダダダダダ
どんどん ただまっすぐに
かけるよ
ミシン ハイ いかが

わらしべ長者クラブ

うちのマンションのゴミ置き場には
いろんな宝物が 置いてあるよ

ぬいぐるみあげます

使わなくなった
使ってもいない食器

水色
うちの子になった

キキララ
マロンクリーム
かめ子ちゃんの
おちゃわんになった

カワイイ
ぬいぐるみ

うちの子になった
幼児クラブの子に
なった

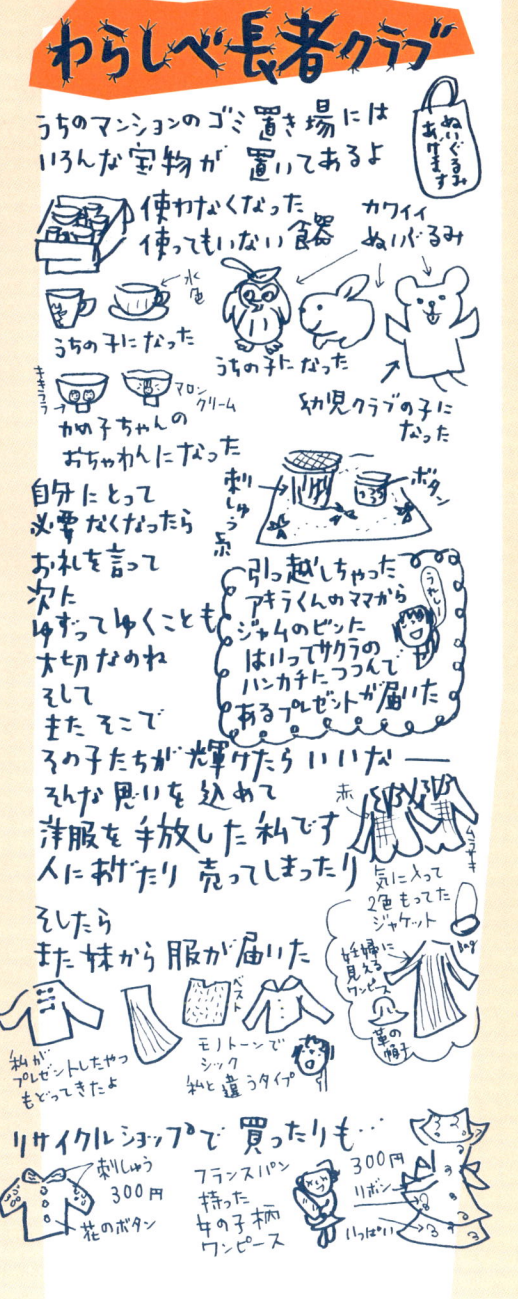

刺しゅう糸
ボタン

自分にとって
必要なくなったら
お礼を言って
次に
ゆずってゆくことも
大切なのね
そして
またそこで
その子たちが輝けたらいいな——
そんな思いを込めて
洋服を手放した私です
人にあげたり 売ってしまったり

引っ越しちゃった
アキラくんのママから
ジャムのビンに
はいってサクラの
ハンカチにつつんで
あるプレゼントが届いた
うれしー

赤
ムラサキ
気に入って
2色もってた
ジャケット

そしたら
また妹から服が届いた

ベスト
私が
プレゼントしたやつ
もどってきたよ
モノトーンで
シック
私と違うタイプ
妊婦に
見える
ワンピース
bag
革の
帽子

リサイクルショップで買ったりも…

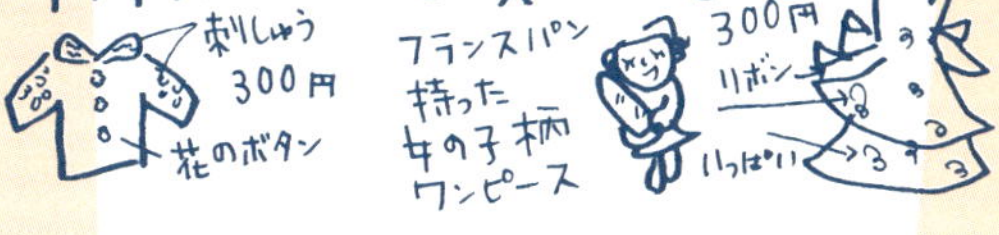

刺しゅう
300円
花のボタン
フランスパン
持った
女の子柄
ワンピース
300円
リボン
いっぱい

20年近く続けているコト

いつも　新しいコトを追い求めて
さまよっているように見える私ですが
一つのコトは　ずーっと続けているのです
描くコト　そして書くコト…
仕事としても　自分の好きなコトとしても
かれこれ　20年近くも　続けているのでした
エライよねー
好きなコトだから　続けられたとも言えるし
何も考えずに　ズルズルやりとおしている　とも言える
今まで　やってきたコトを振り返る
ちょうどよい機会があったので
へぇーっとながめてみたよ
たまにはいいのでは　こんなコトもね

創作絵本の展覧会に参加したトキ、
つくりました。
「一緒に行こうよ。何かやろうよ。
きっと見つかるよ」。
そんなお話です。

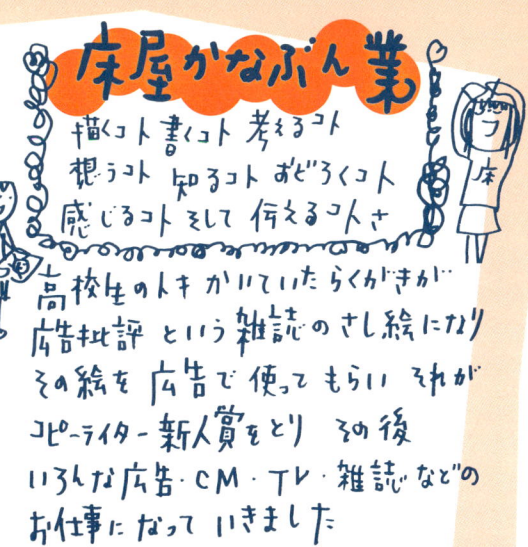

床屋かなぶん業

描くコト 書くコト 考えるコト
想うコト 知るコト おどろくコト
感じるコト そして 伝えるコトさ

床

高校生のトキ かいていたらくがきが
広告批評 という 雑誌の さし絵になり
その絵を 広告で 使ってもらい それが
コピーライター新人賞をとり その後
いろんな広告・CM・TV・雑誌などの
お仕事になって いきました

そんなふうな
ラッキー

ポケモンセンターの
お仕事もしたぞ

バッジ

紀伊国屋ホールのどんちょうも
作ったっけ(ひとりで
ぬい続けた)

日本人はどこ〜
6m
9m

ママになってから
子供と一緒に
楽しめるお仕事になってきたんだ
そうだったな〜 やってきたんだな〜

応募してみようよ!

電化製品とか 海外旅行など
大きなものを 当てるには
日頃から小さいものを
チョコチョコ出しておくといいって
小さいものから当たりだして
ドドーンとくるらしい
(扇風機の次に
ハワイ旅行が当たった)
友達の母が言ってたよ

YUKI FUKU

3人の子供の母

スタイリスト
福田幸恵さんが
Bagデザイナーになったよ
新進デザイナーとして
伊勢丹に出店 それから
雑誌にも載ったり スゴイぞ

いつもこんな話
うん
いつか
何か
できるはず…
私
福ちゃん
和柄

Bagのデザインを考えて
工場を見つけて やってみたのだ
好きなコトで 輝きたいぞ ♡♡
いつも ハートが 少女な私たち

手で カリー食べよ

たまには こんな
食べ方

りんご
カレー
甘口

コスモ炭火焼

ナンの粉

ナン

水を
いれて
こねて
30分ねかして
フライパンで
焼くだけ
手で 食べるって
楽しいよ

子供のコトであれこれ

こんなはずでは…と思いながら
子供のコトで　あれこれ
踊らされている毎日です
自分から進んでやっているわけじゃないのに
いつのまにか　前に出ていて
それなら　もう　えーいっ　やるしかないでしょう
と小さなコトにも腹をくくっているのです

学校での読み聞かせ。
子供たちがグイグイ
引きこまれて聞いているので、
こっちも熱が入ります。
次は、何読もうかなー。

ブックフェスタ

立会小学校毎年恒例の
本のおまつりです
私も『かんたん豆絵本屋』で
参加しています

いらっしゃいまし
スタンプコーナー
子供ってスタンプ大好きなんだ
クルクル回転絵本コーナー
昔の作品など展示してみた

ろうかの天井からのぼりをつるし　ドアには本の看板　ママたちのお手伝いは　カフェエプロン

ミドリのおばさん

春と秋の交通安全週間には
小学生の通学路に交替で
キイロの旗を持って
立たなくちゃいけないのです
私もミドリのおばさんを
やるコトになりました

つくみのママだ
やーおはよう
そそそ
まだ寝ている子も…

みどりのおばさんのコツ
① 明るく大きな声であいさつ
② キレのある旗のあげ方
③ はずかしがらない　モジモジしない

おはなし会

学校の授業参観で
「おななし会」というのがありました
1・2年生　5・6人のグループに本を
読んであげるのです
私が読んだ本は　民話風絵本
『めっきらもっきらどーんどん』

ちんぷくまんぷく　あっぺらこの　きんぴらこー
じょんがらぴこたこ　めっきらもっきら
どーんどん

と叫ぶと　もんもんびゃっこと
しっかか　もっかかと　おたからまんちんが
出てくるんだよ
子供たちは息をのんで聞いていたっけ

いつも何かに夢中

いつかも何かに　夢中になっていたっけ
いつも何かに　熱くなってる
けれど　心意気はずーっと同じようなんだ
いつも　うーんと　自分なりのやり方で
やってみるコトが活力になるんだよね
ここにあるすべてが
私のつくりあげてきたものなのだった
友達も　製作したものも　仕事も　趣味も
そして　いつも今からがスタートです

これは捨てられてしまうかも
しれなかった食器たちなのです。
よかったね、うちの子になって。
大切に使っていますよ。

オンガクラブ

7 JULY

［音楽鑑賞クラブ］

お掃除やごはん作っているトキは
ノリノリ 歌歌い系 ピチカート・ファイブ
あやや ジュディー＆マリー ハルカリ
アイコまでも（歌い 踊るってワケ）
お仕事のトキは 小野リサ
ラブ・サイケデリコ オペラ トゥーランドット
カエルの鳴き声

井上陽水 ユナイテッド カヴァー

001	蛍の光	008	ウナ・セラ・ディ東京
002	コーヒー・ルンバ	009	嵐を呼ぶ男
003	花の首飾り	010	誰よりも君を愛す
004	旅人よ	011	ドミノ
005	銀座カンカン娘	012	星のフラメンコ
006	サルビアの花	013	月の沙漠
007	東京ドドンパ娘	014	手引きのようなもの

4 988018 312642

のっけから蛍の光です
銀座カンカン娘
東京ドドンパ娘 星のフラメンコ
笑わせてでもサミシクさせる人
くせになる曲 あとひく曲 ようすい…

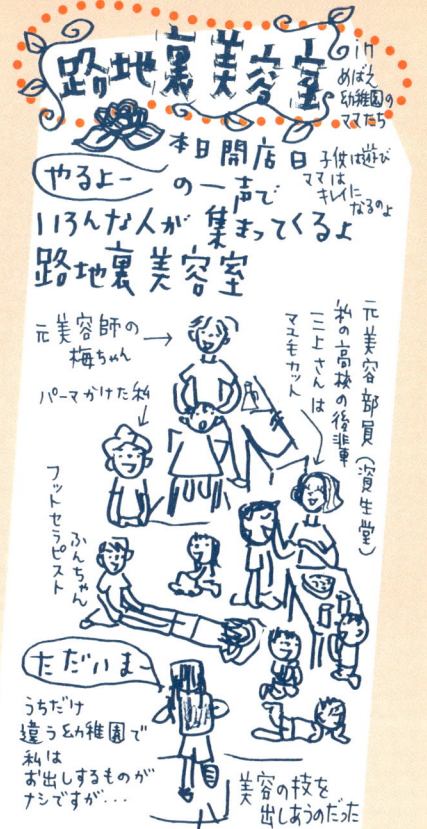

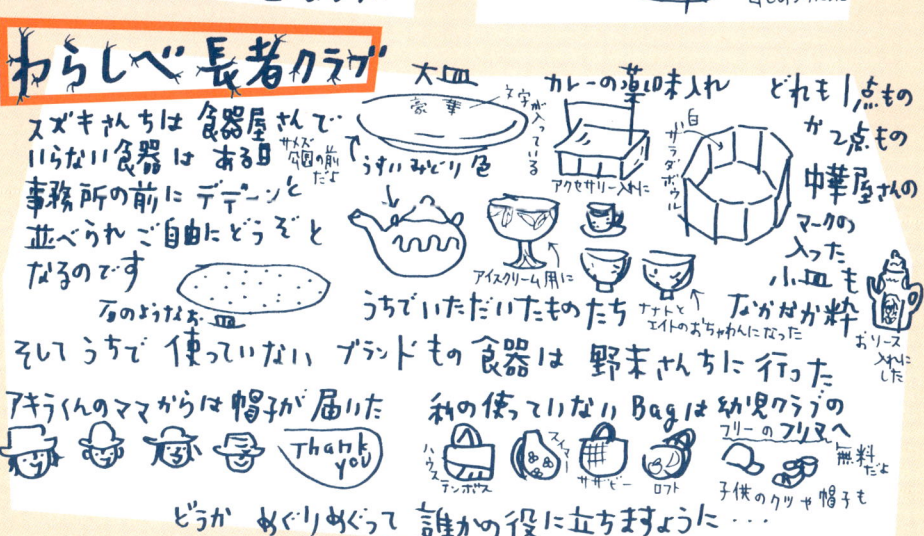

路地裏美容室

めばえ幼稚園のママたち

本日開店日 子供は遊び ママはキレイになるのよ

やるよー の一声で
いろんな人が集まってくるよ
路地裏美容室

元美容師の梅ちゃん →
パーマかけた私
元美容部員（資生堂）
私の高校の後輩
三上さんはマユもカット
フットセラピスト
ふんちゃん
ただいまー
うちだけ違う幼稚園で
私はお出しするものがナシですが…
美容の技を出しあうのだった

わらしべ長者クラブ

スズキさんちは食器屋さんで
いらない食器はある日 サメズ公園の前だよ
事務所の前にデデーンと
並べられご自由にどうぞと
なるのです

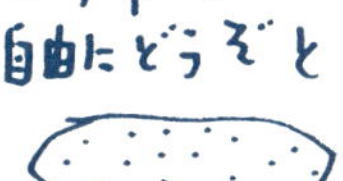

石のようなお皿

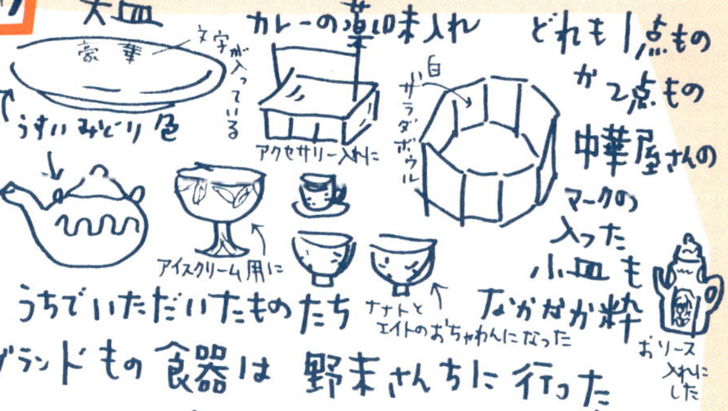

大皿
豪華
文字が入っている
で うすいみどり色
カレーの薬味入れ
アクセサリー入れに
白
サラダボウル
アイスクリーム用に
ナナトとエイトのおちゃわんになった
おリース入れにした

どれも1点ものか2点もの
中華屋さんのマークの入った小皿も
なかなか粋

うちでいただいたものたち

そしてうちで使っていないブランドもの食器は野末さんちに行った

アキラくんのママからは帽子が届いた

Thank you

私の使っていないBagは幼児クラブの
フリーのフリマへ

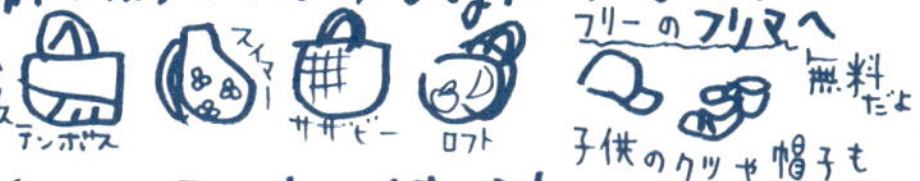

ハウス
テンボス
スイマー
サザビー
ロフト

無料だよ
子供のクツや帽子も

どうかめぐりめぐって誰かの役に立ちますように…

床屋かなぶんってこんな人

まっすぐの硬さを感じさせないまっすぐさ

川崎　徹（CMディレクター）

二十数年前、私は広告の勉強会を開いていた。床屋かなぶんは最年少の生徒だった。たしか高校を卒業したばかりで、18歳だった。そのころはまだ床屋かなぶんではなかった——のちに名づけてくれたのは糸井重里さんです。絵を描くのが好きな、ちょっと変わったヴォキャブラリーを持つ、タカハシカナエという女の子だった。

書くコピーもちょっと変わっていた。うまいというわけではない、しかし妙に納得させられるコピーだった。イカのキャッチフレーズとして「イカはなで肩なのよね」なんて書いていた。

私は床屋かなぶんの絵も好きだが、むしろ添えられた文章に、彼女らしさを感じる。そこにはものごとへのまっすぐな目がある。まっすぐでありながら、まっすぐの硬さを感じさせないまっすぐさだ。

かなぶんは日本一のお母さん

日暮真三（コピーライター・作詞家）

　かなぶん母さんは、日本一のお母さんだと、ぼくは思っている。かなぶんの親友のふんちゃんも、実は日本一のお母さんなので、同じ地域に日本一が2人もいるなんて、すごいことだ。3人の母ともなれば毎日毎日がたいへんたいへんの連続なはずだけど、かなぶんはこまごまとしたことをコツコツと楽しみながら、ラクラクと乗り越えてしまう。魔法使いのようなお母さんだ。

　ぼくは60歳になり、再び生まれた年に還ったので、かなぶんの4人目の子にしてもらいたい。だって、とってもステキなお母さんなんだもの。思いきり甘えて、肩なんかもんでもらいたいなあ。

彼女をヘンだと思う、こっちのほうがヘンなのだ

天野祐吉（コラムニスト）

　高橋かなえちゃんという高校生がいた。夜はコピーライターの養成学校に通って、コピーは書かずに絵ばかり描いていた。

　変わり者の子だったから、描く絵も変わっていた。うまいんだかまずいんだかわからなかったが、絵や字に不思議な味があった。

　のちに彼女は床屋かなぶんと名乗って、ヘンさにますます磨きをかけた。

　が、どっこい、見かけのヘンさにだまされてはいけない。彼女の仕事をよく見ると、実は彼女はフツーで、彼女をヘンだと思うこっちのほうがヘンなのだということに気づかされる。こわい人だ。

赤ちゃんは 毎日大きくなって

子供になって

だっこできなく

なってゆくよ

私の赤ちゃんたちのこと

ずっと

ずっと

忘れないでいるからね

著者　床屋かなぶん

1964年東京生まれ。広告学校第一期生。川崎徹師匠のもとで広告の修業をした後、糸井重里事務所に奉公。その後フリー。現在は3人の子の子育て中心に、自称「挿絵描き」のかたわら、よろずやヨロレヒ（手作り品の販売）、ベリボータワークラブ（勝手気ままなサークル活動や新聞の発行）など、日々を楽しくする活動を実践中。

お母さんっていうシゴト

発　行…2005年4月1日第1版第1刷発行
著　者…床屋かなぶん
発行人…小山敦司
発行所…**株式会社　赤ちゃんとママ社**
〒160-0003　東京都新宿区本塩町23番地
電話　03-5367-6592（販売）
03-5367-6595（編集）
http://www.akamama.co.jp
振替　00160-8-43882
印刷・製本　広研印刷株式会社

ISBN4-87014-039-X

● 赤ちゃんとママ社の本 ●

●赤ちゃん　あそぼ！
〔0～2歳のふれあいあそび〕
巷野悟郎、植松紀子／著
赤ちゃんはパパやママと遊ぶのが大好き！　かわいいイラストで赤ちゃんとのふれあい遊びを多数紹介しています。赤ちゃんの笑顔がこぼれます。
A5判変型144ページ
定価：1,365円（本体1,300円＋税5％）

●子どもの心探検隊
斎藤次郎／著
子どもの気持ちは摩訶不思議！　さあ、子どもの心の迷宮へ探検に出かけませんか！　語りかけるようなやさしい文章が迷えるママをあたたかく包んでくれます。
四六判192ページ
定価：1,470円（本体1,400円＋税5％）

●リメイクしましょ！
〔赤ちゃん服＆小物〕
クライ・ムキ／著
パパ・ママの服からつくるアイディアいっぱいのマイブランド服。工作感覚で始められるラクラク洋裁の本。
A4判変型64ページ
定価：1,050円（本体1,000円＋税5％）

●切って！こねて！まぜて！
『3歳からの親子クッキング』
水越悦子／著
子どもが食材やお料理に興味を持つようになったときが、親子で一緒にお料理を始めるチャンス！　包丁や火の使い方もわかりやすく解説しています。
A4判変型96ページ
定価：1,470円（本体1,400円＋税5％）

「この本を買いたい！」と思ったら…
①書店で購入または注文する
②電話で注文する
（ブックサービス・0120－29－9625）
③赤ママのホームページで注文する
http://www.akamama.co.jp